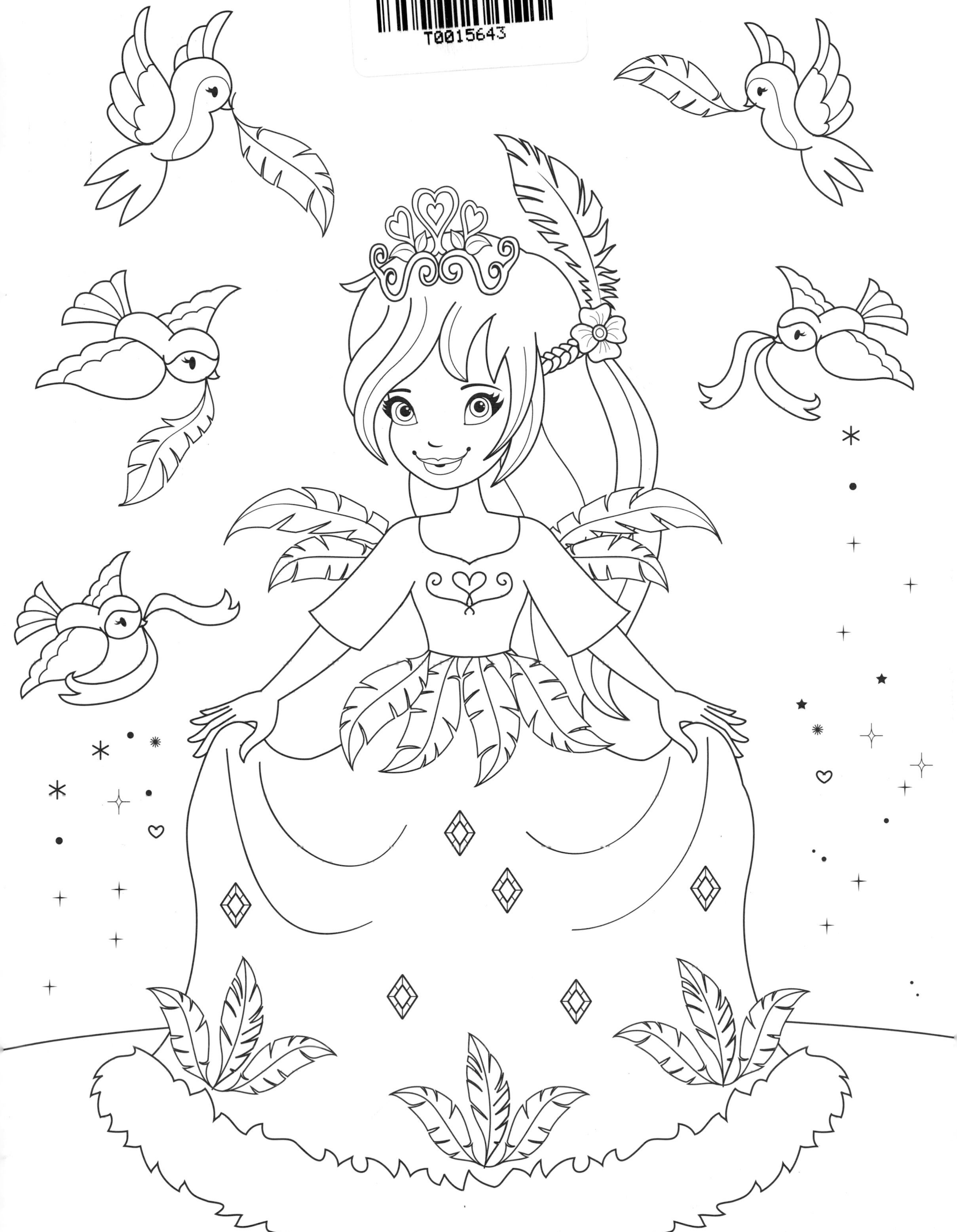

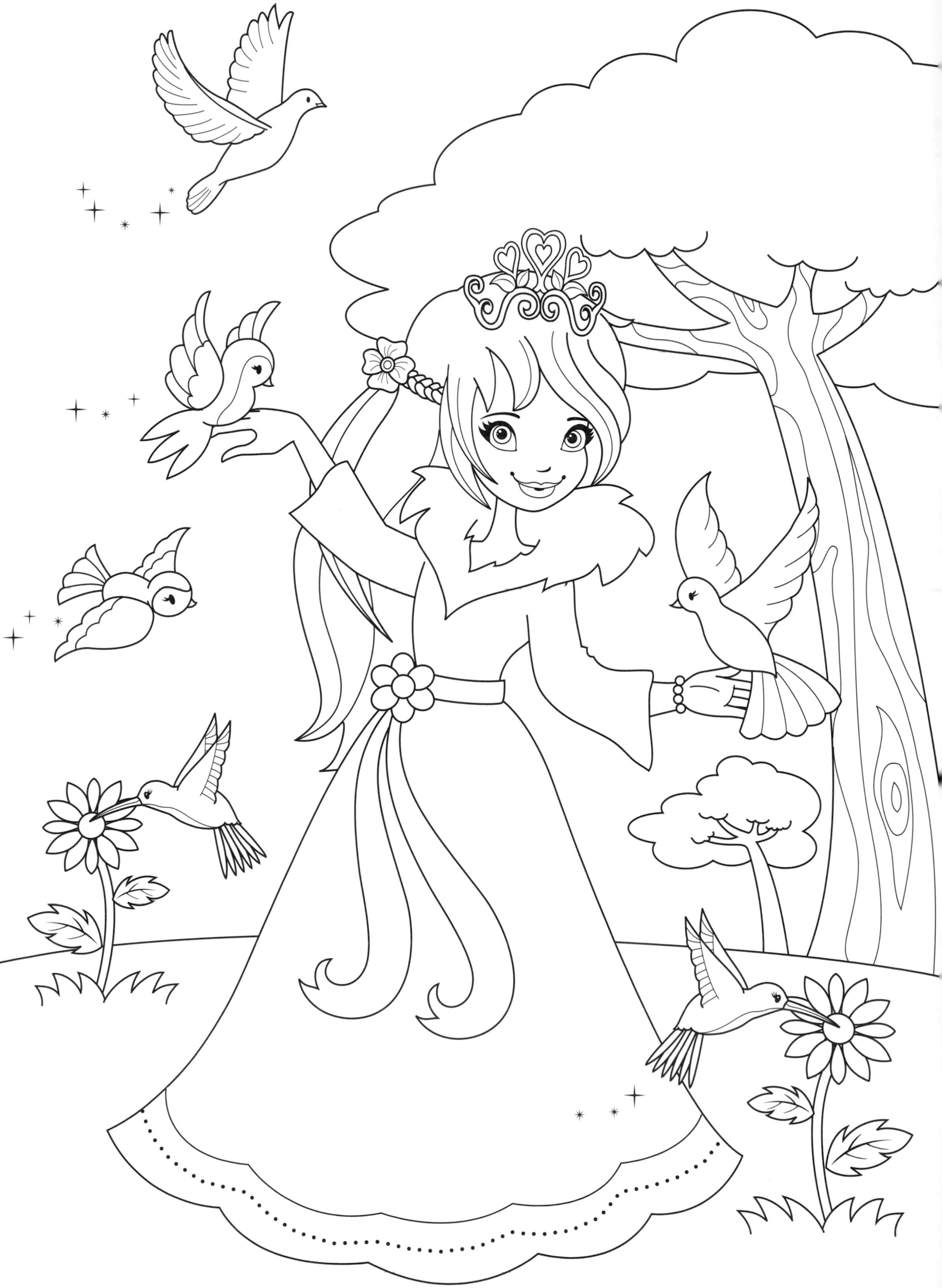

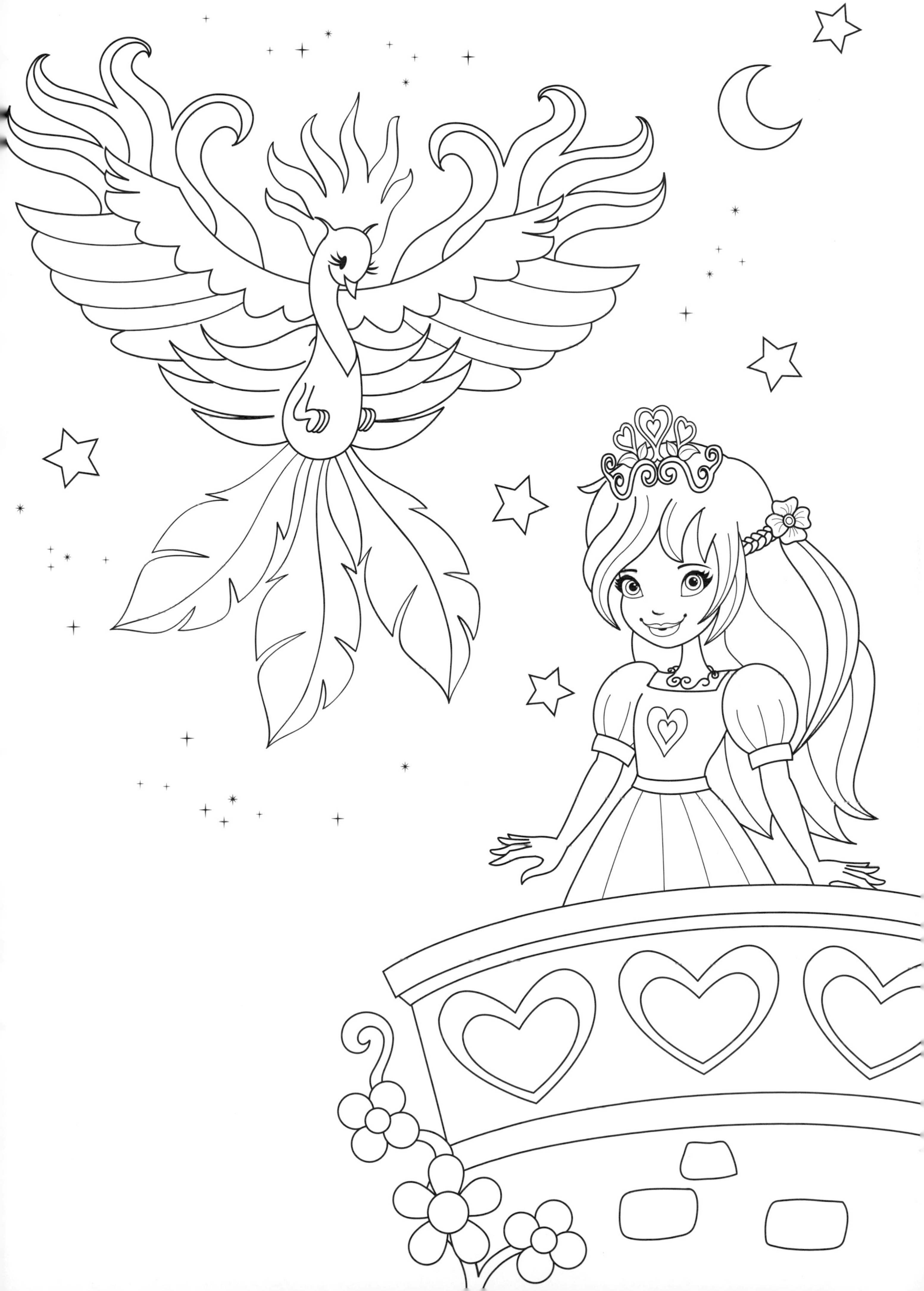

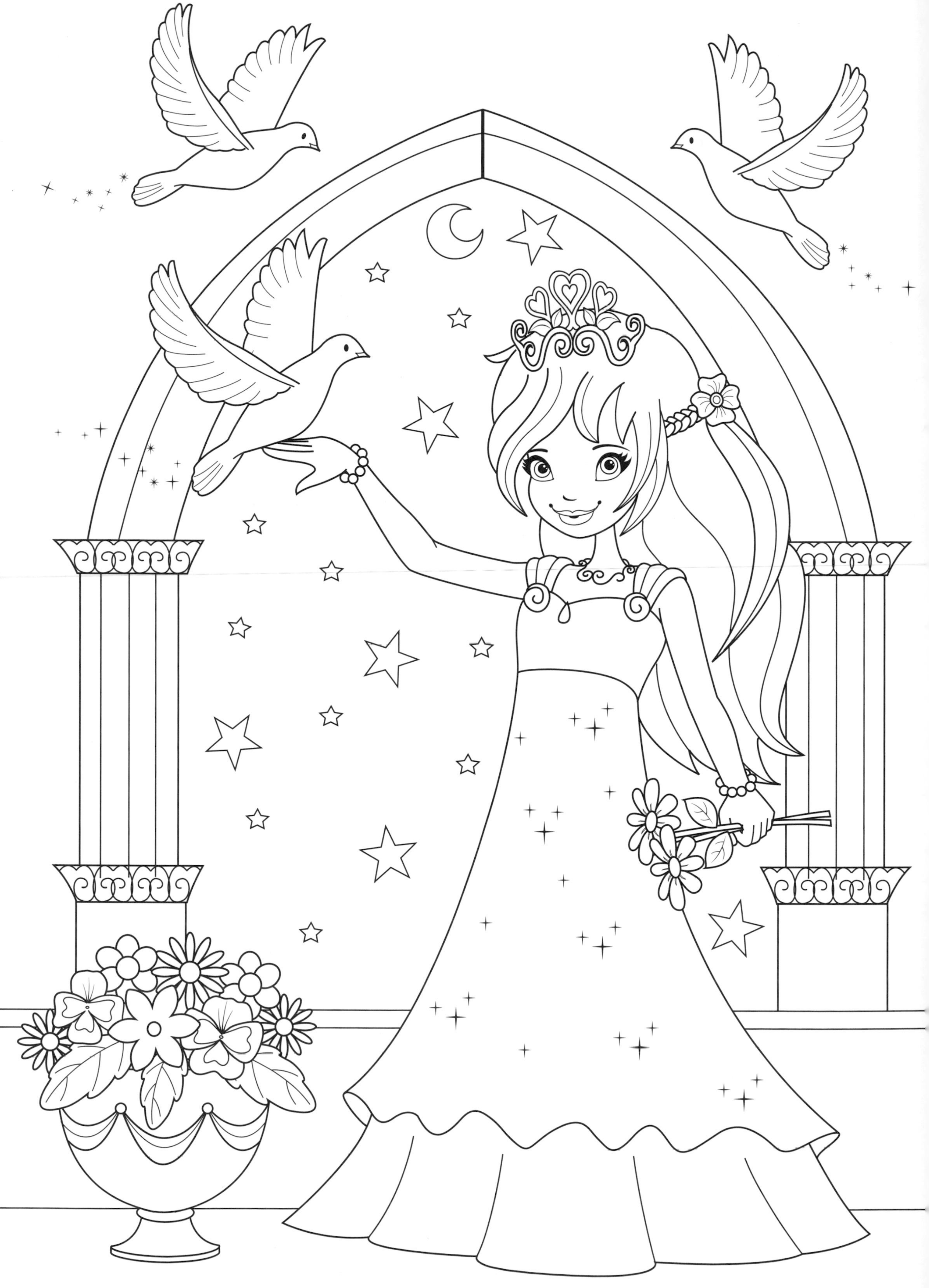

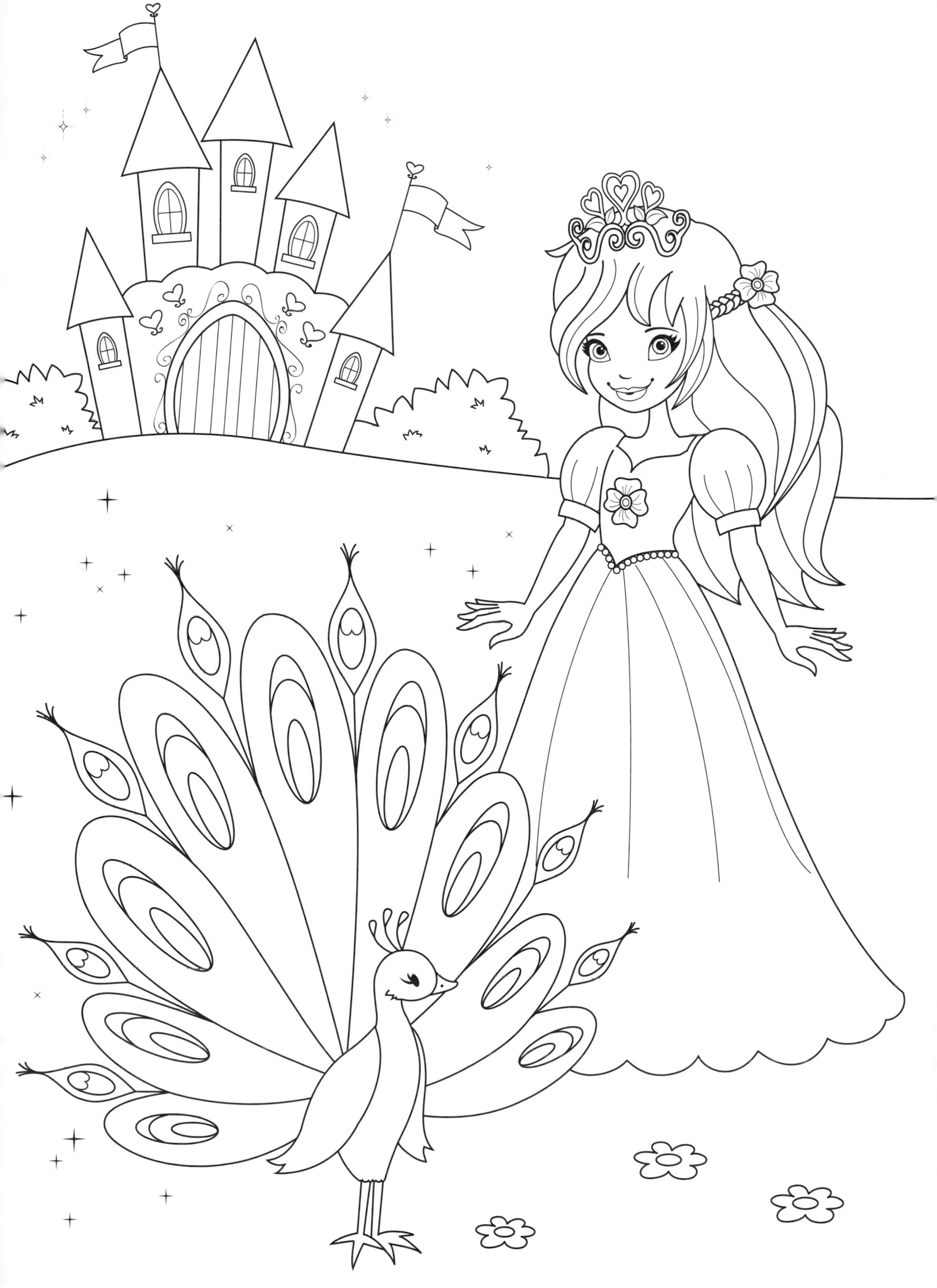

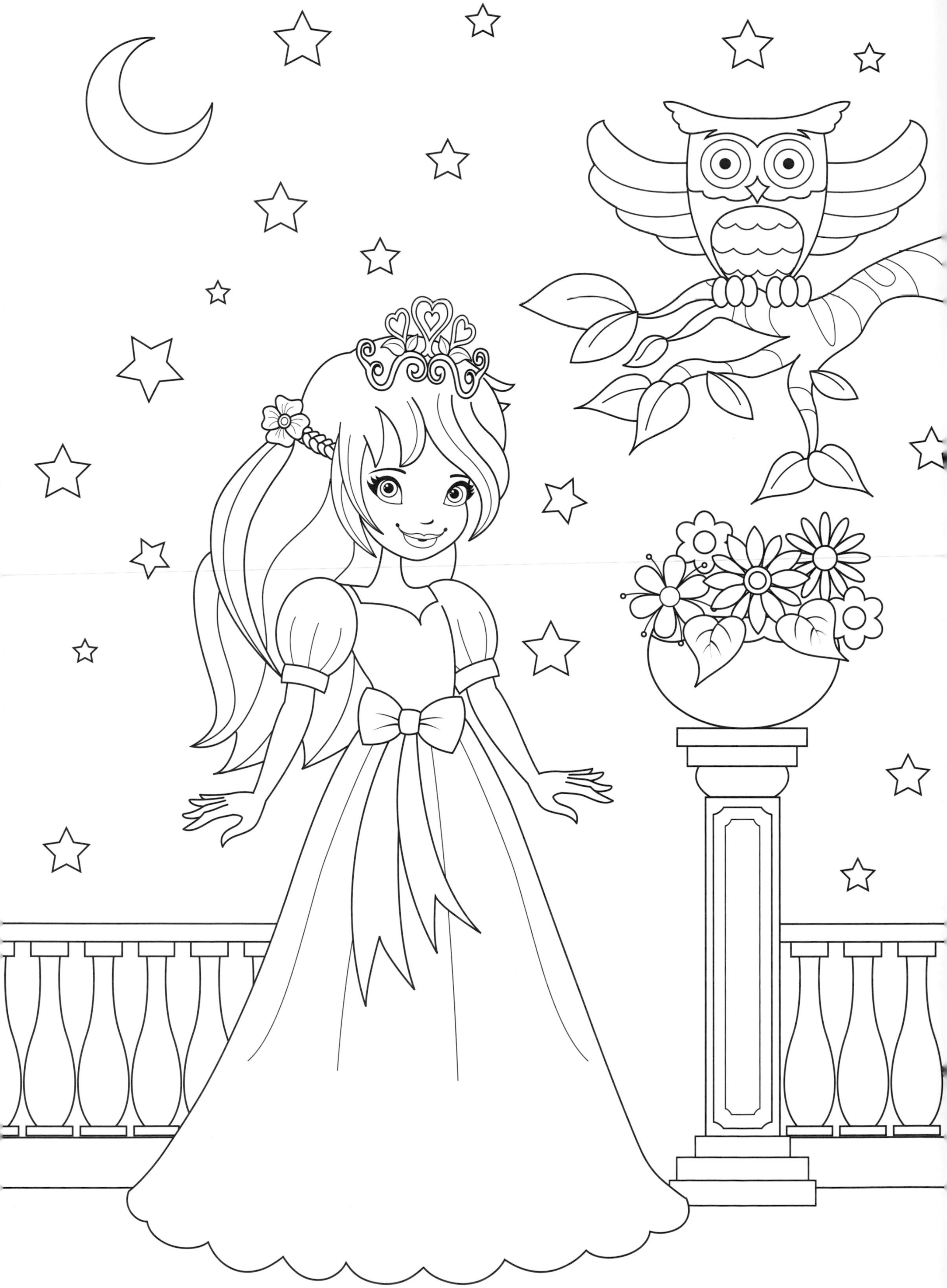

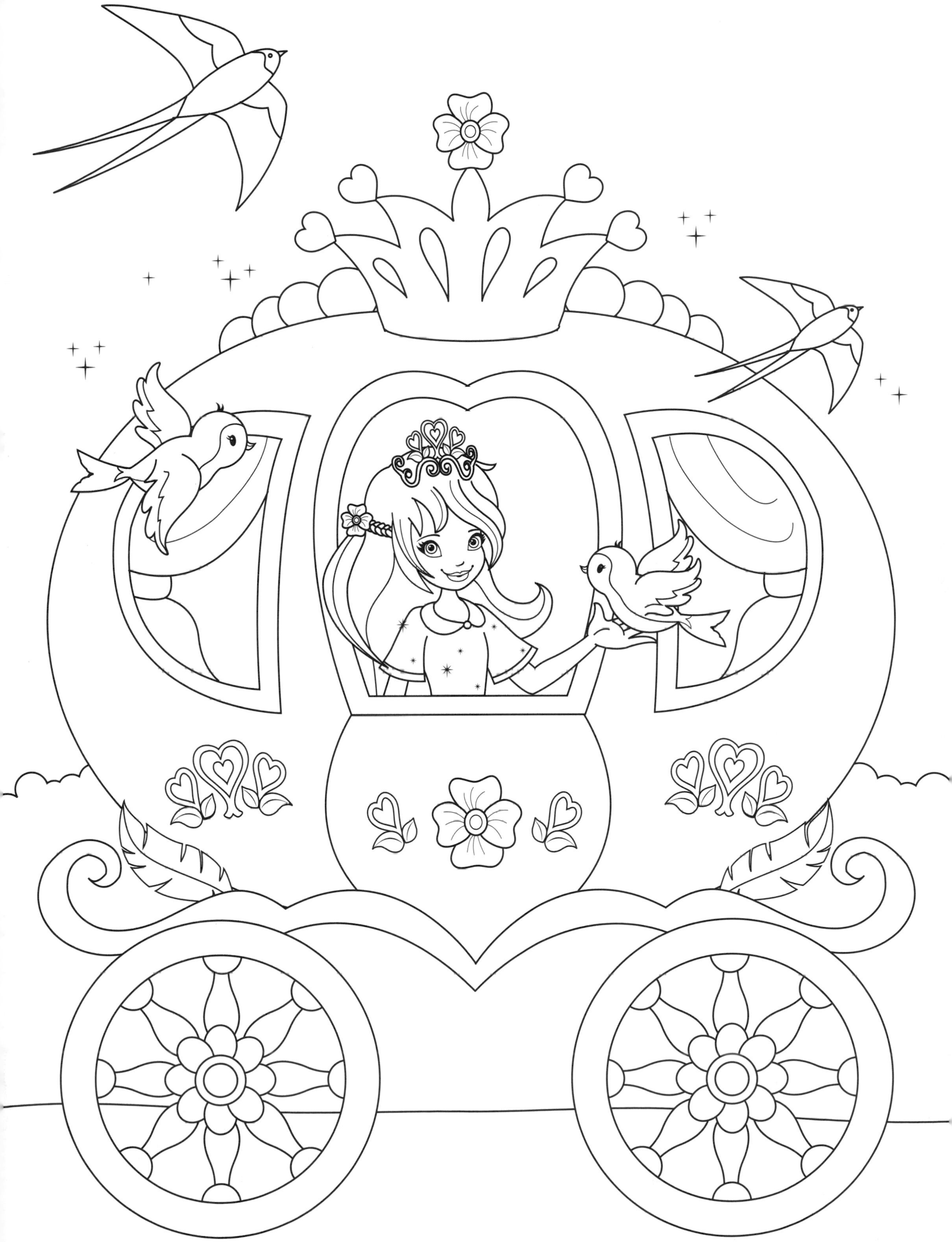

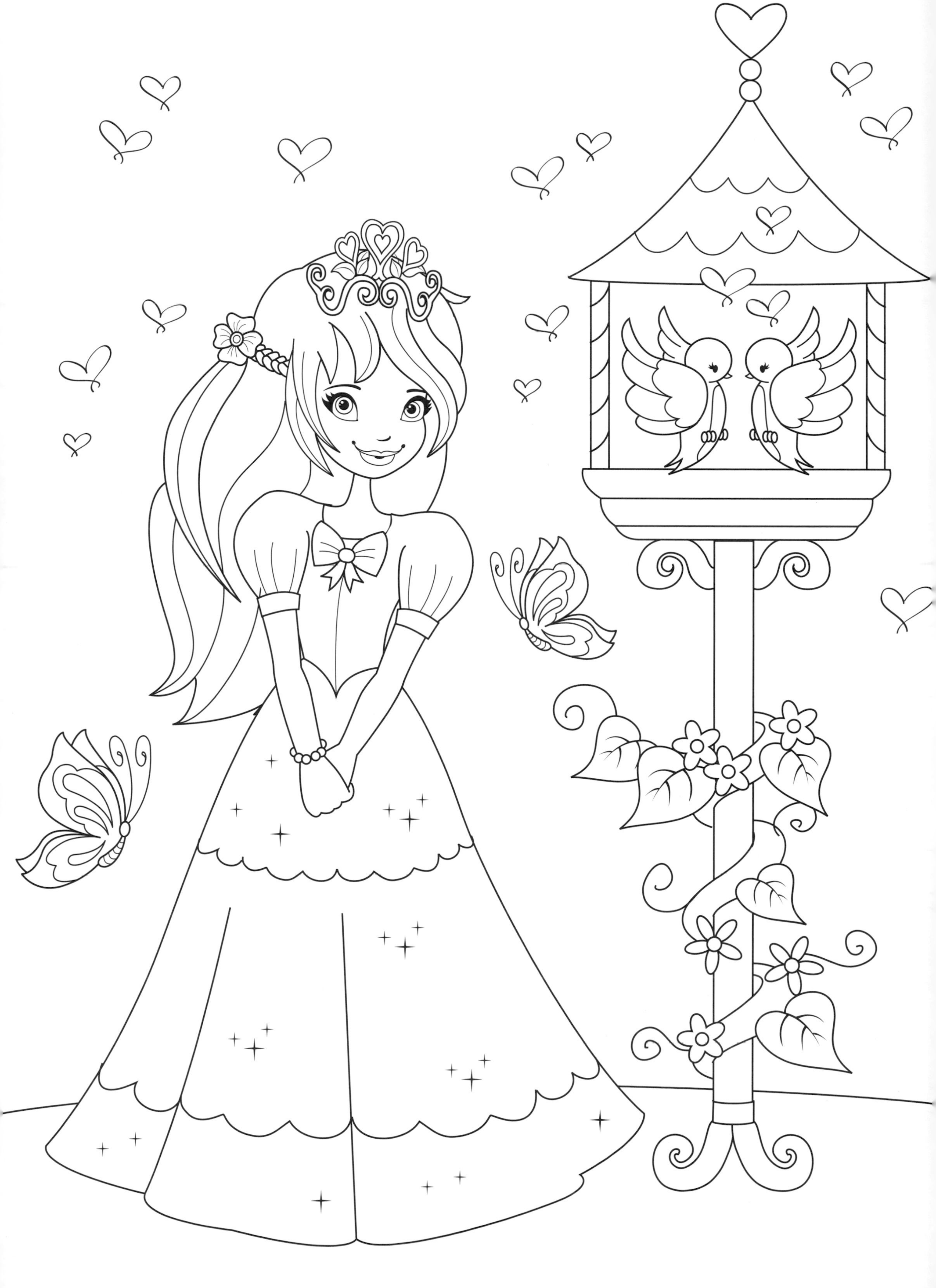

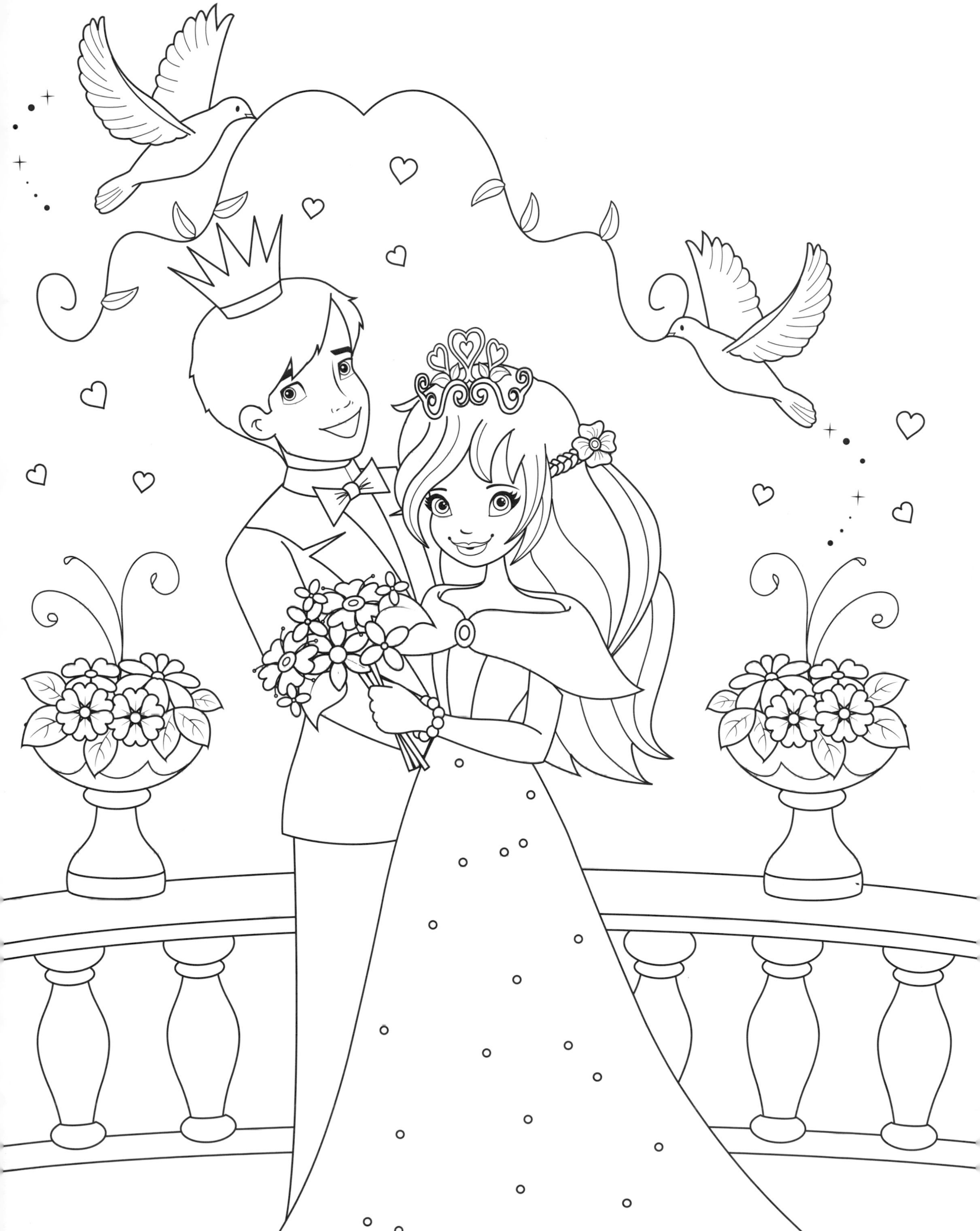

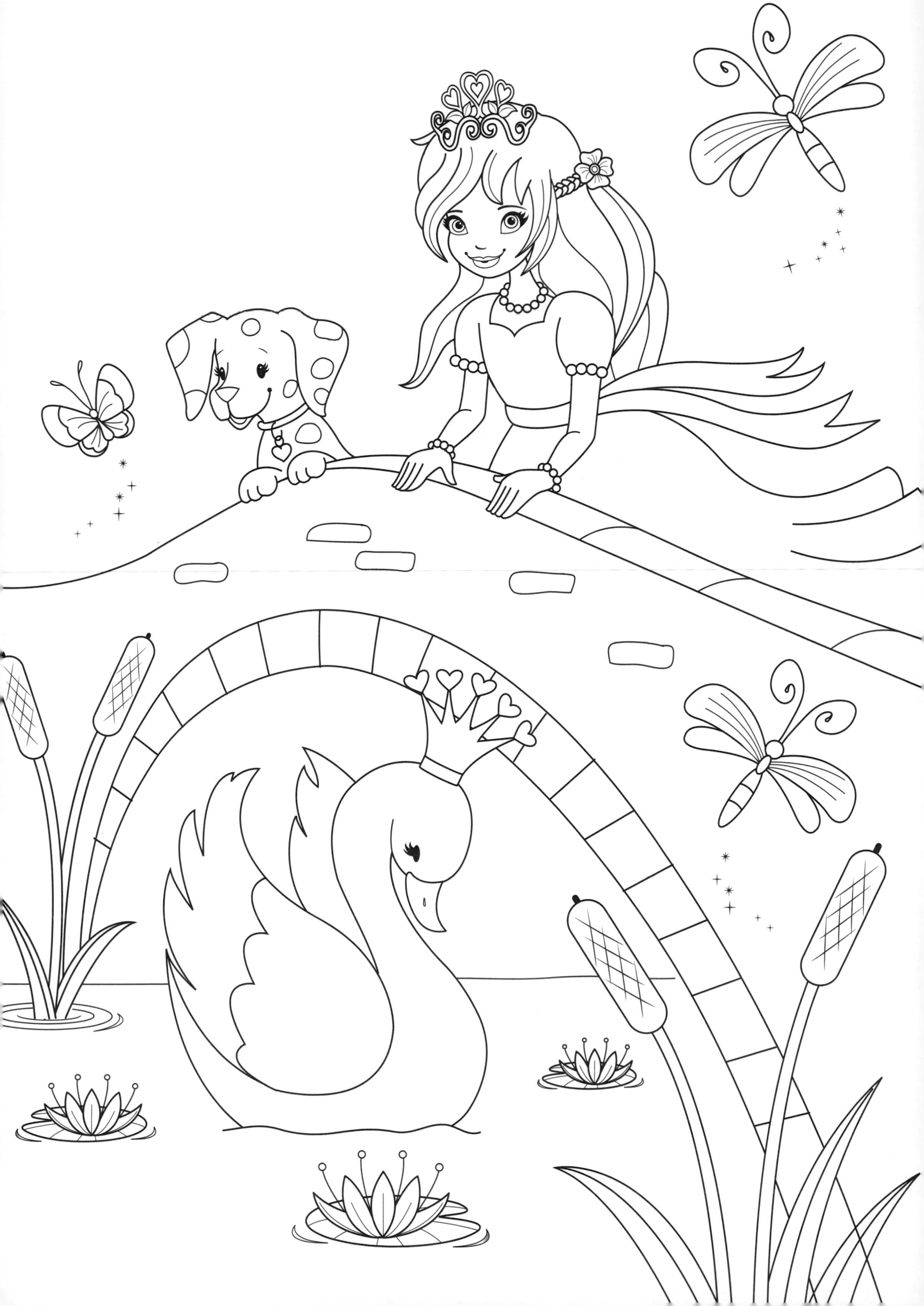

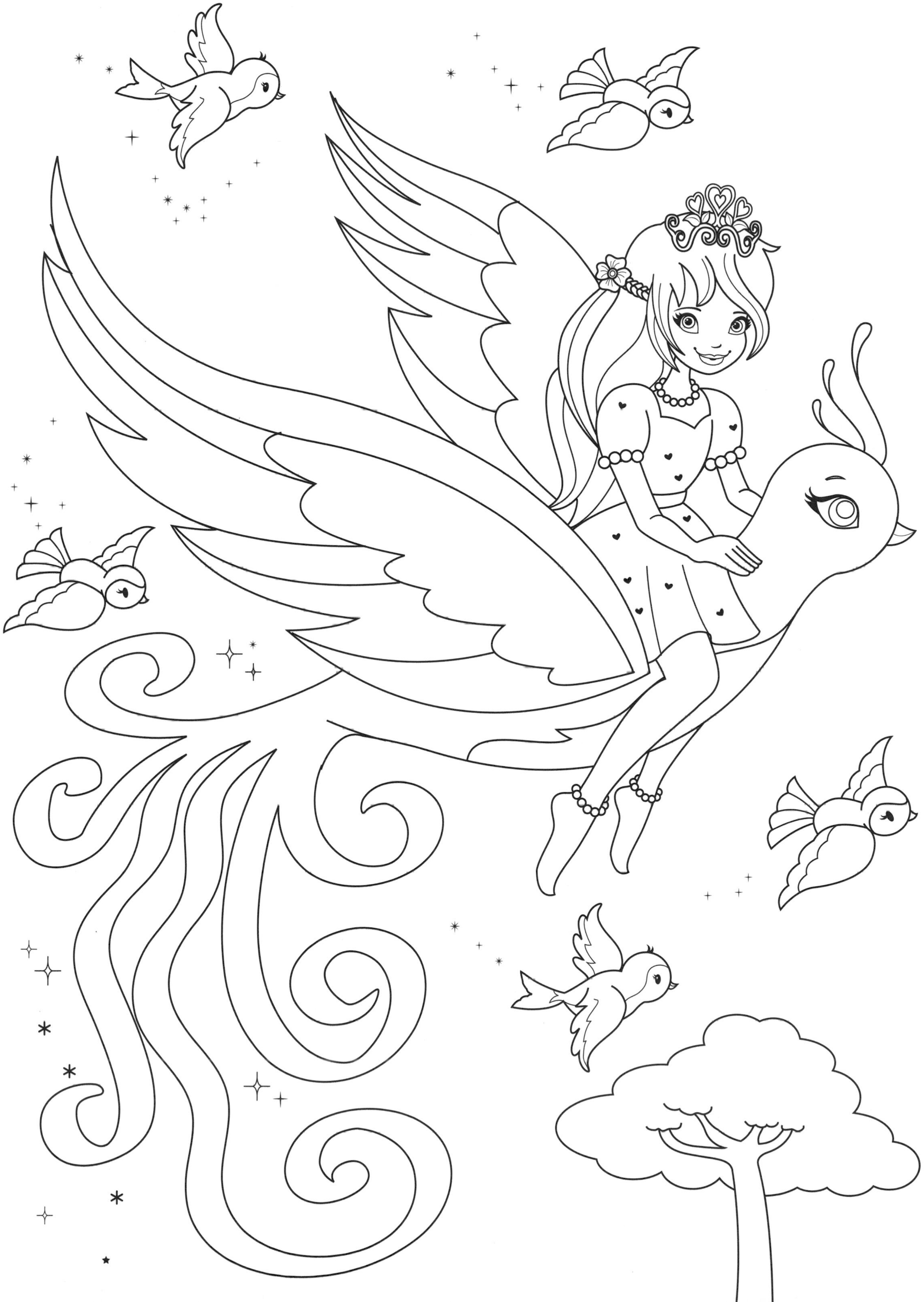

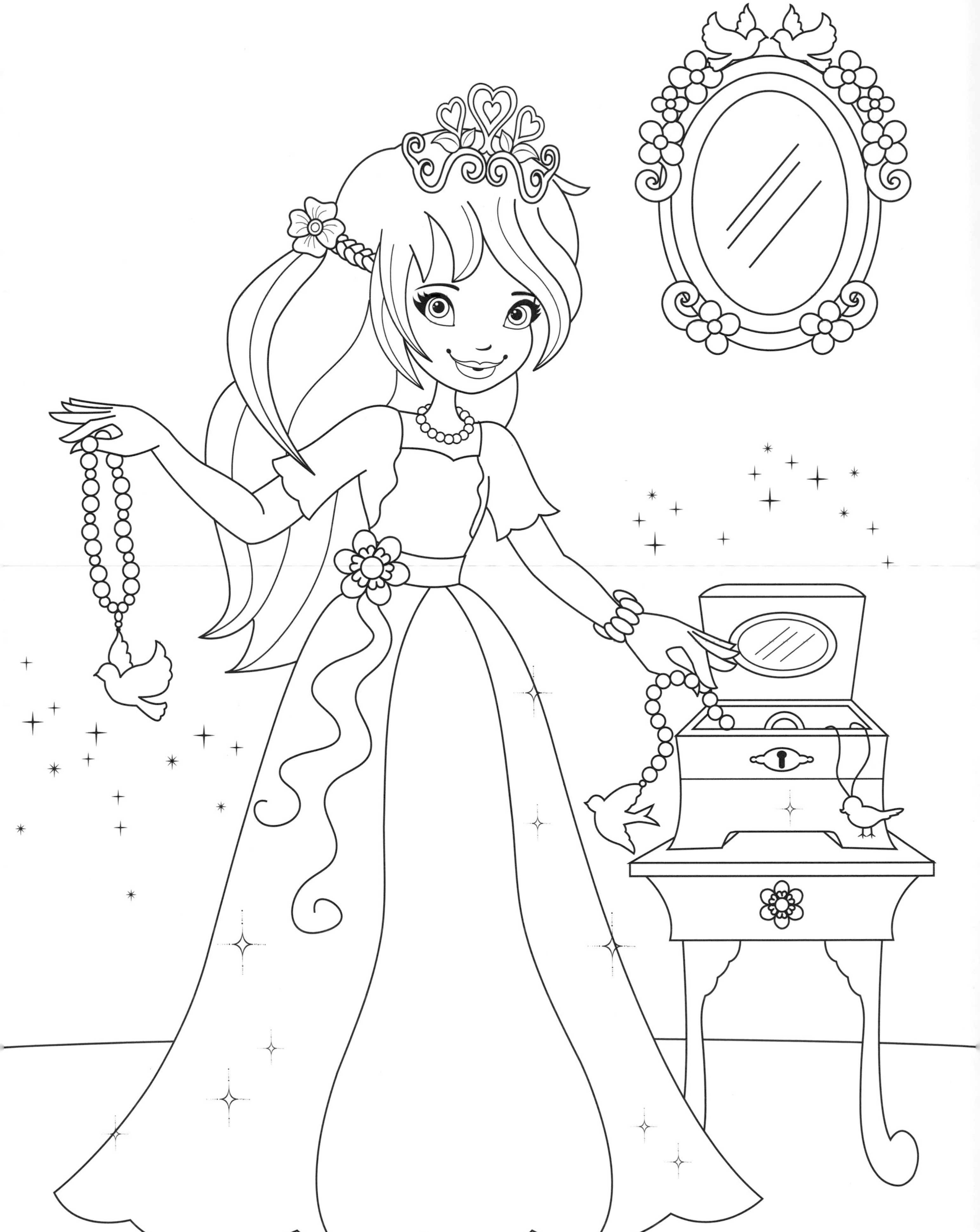

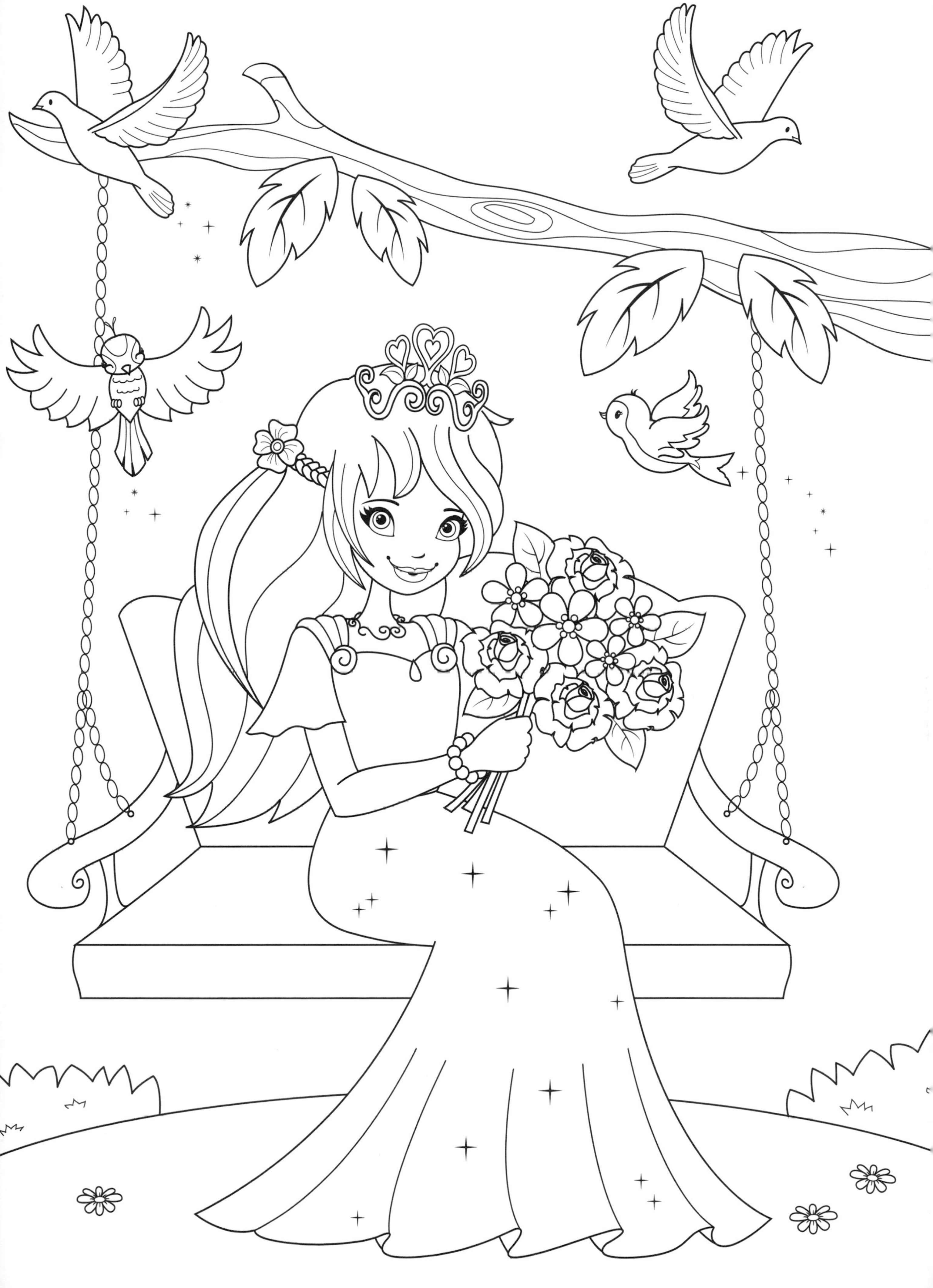

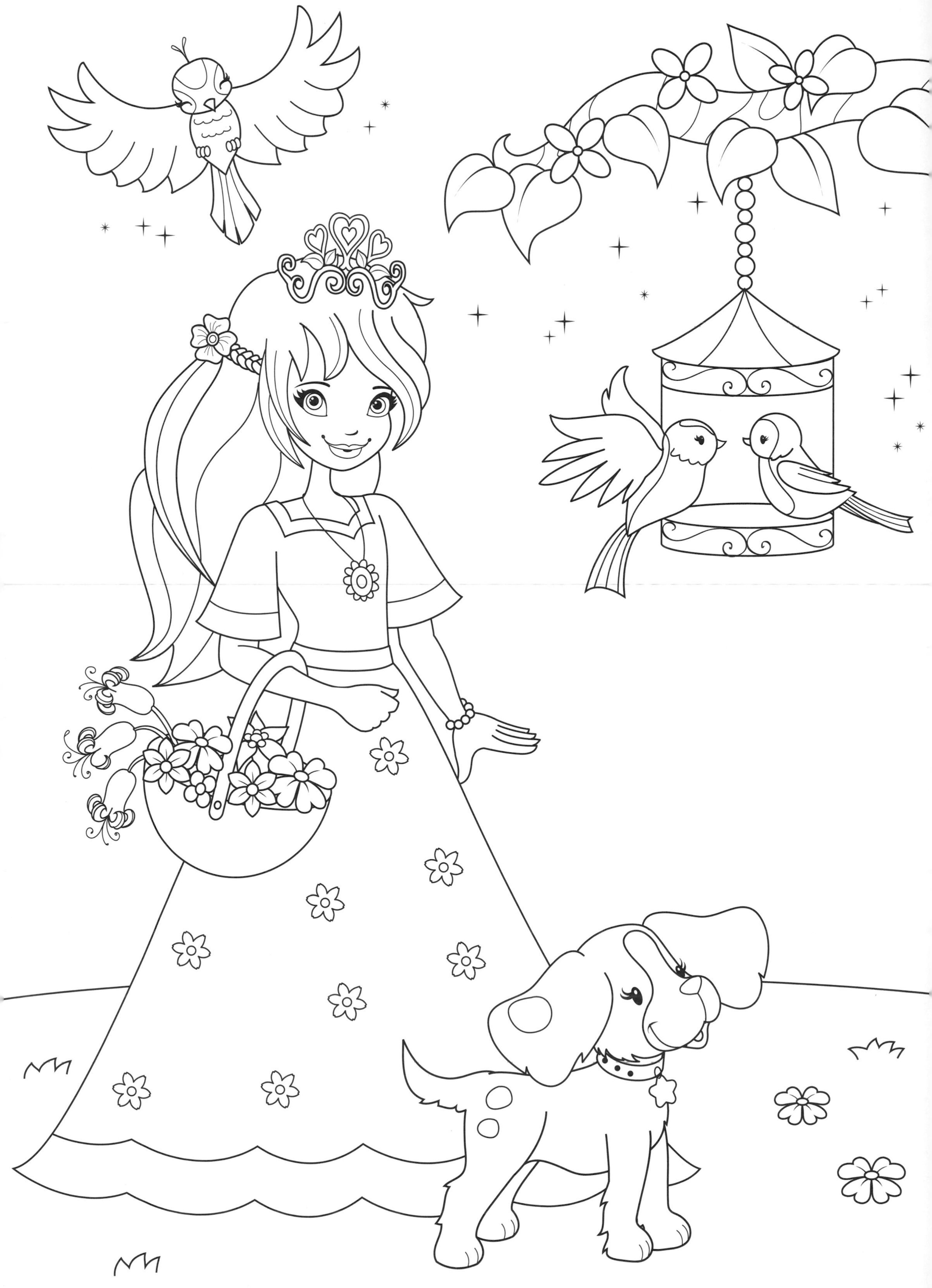

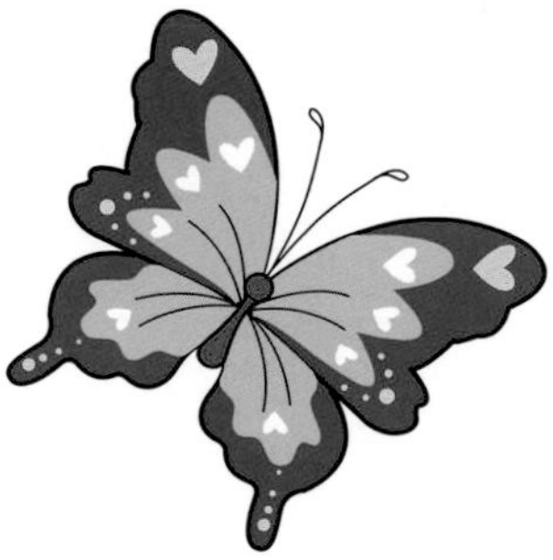
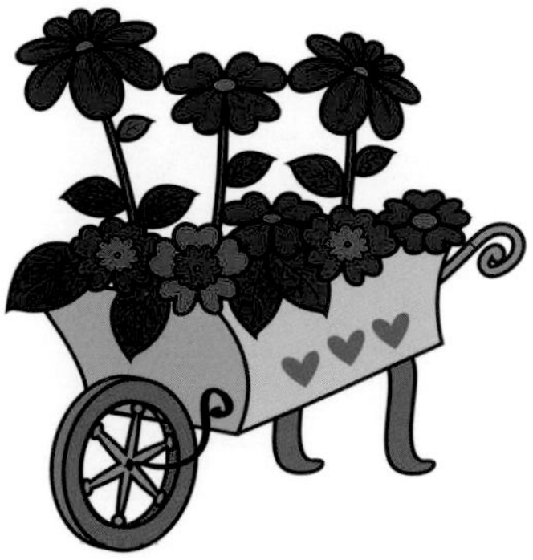

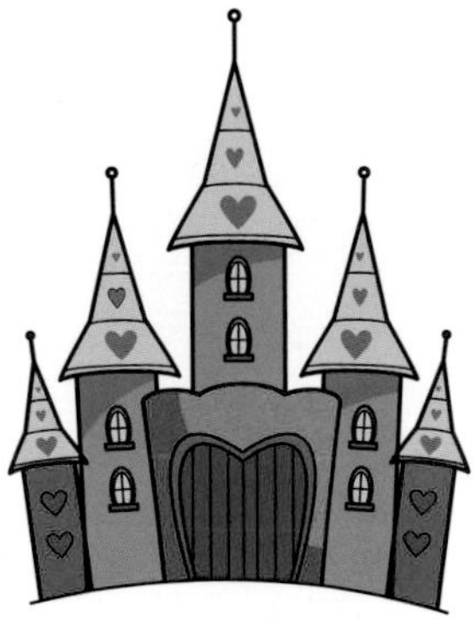
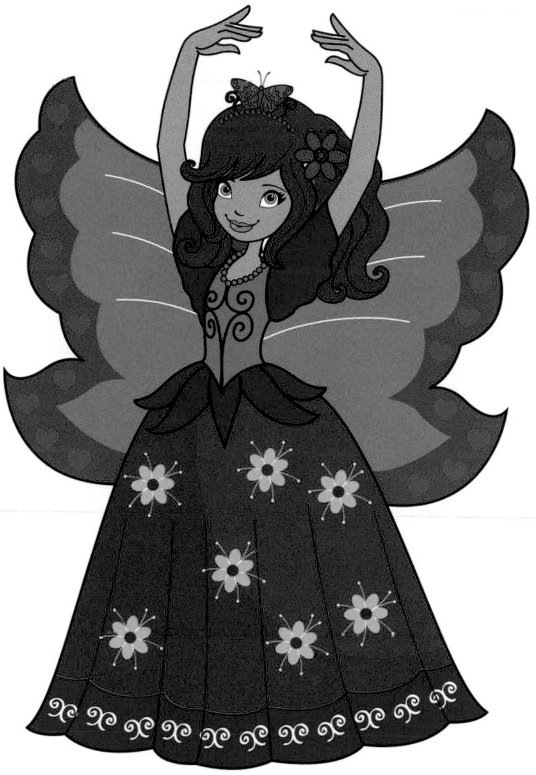
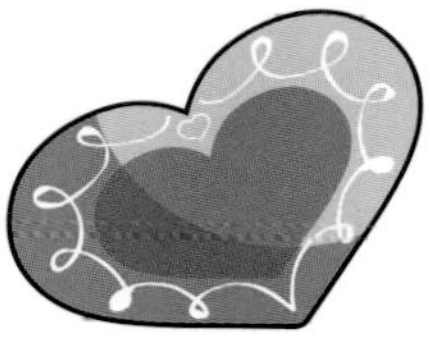
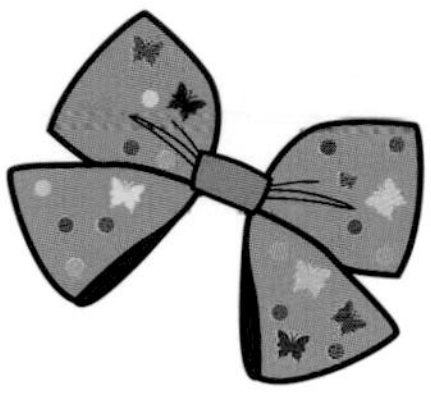
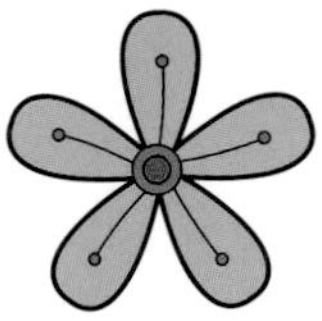
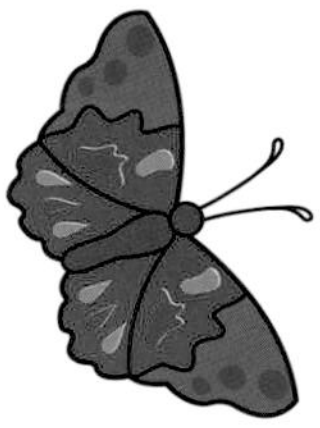
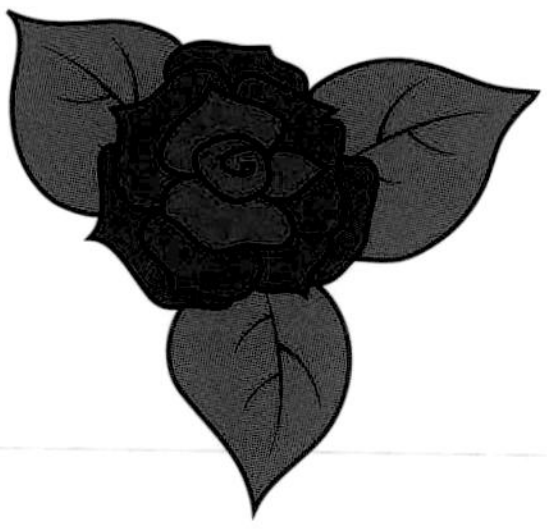
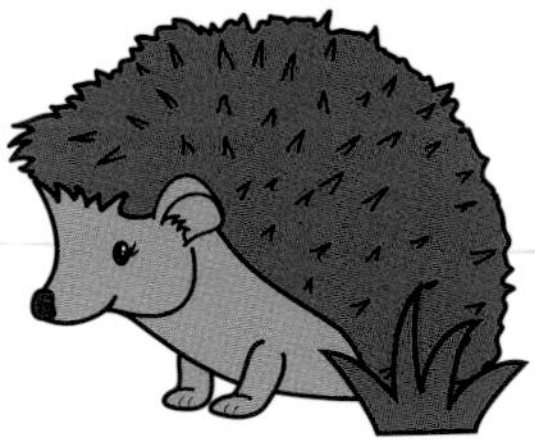
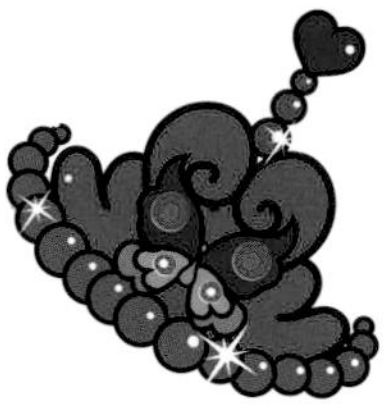
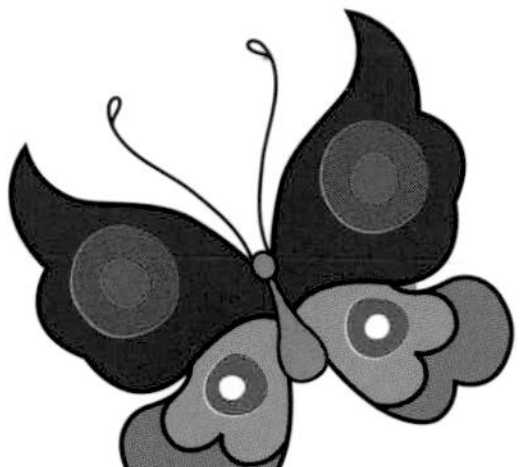
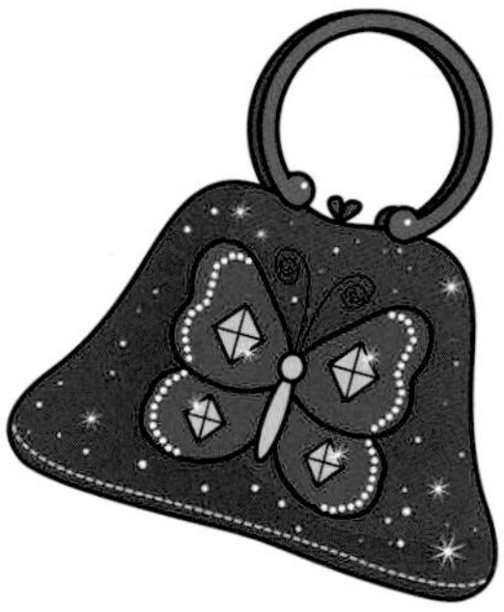
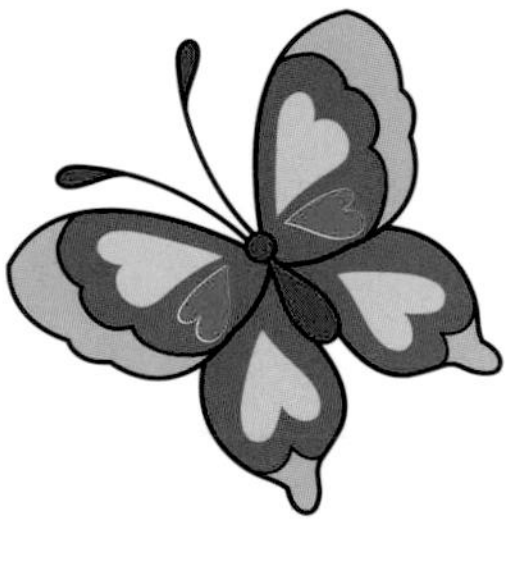
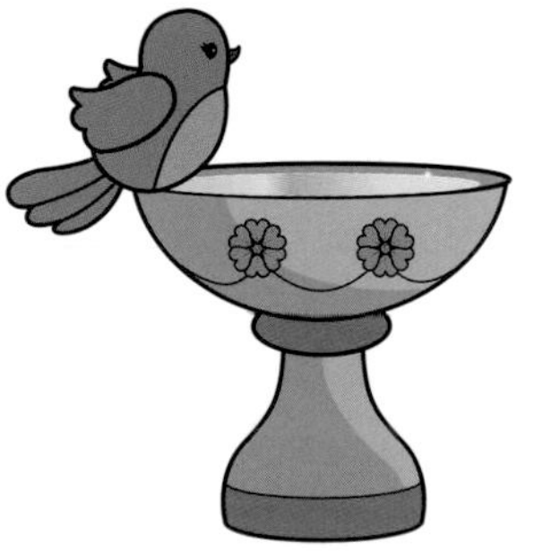
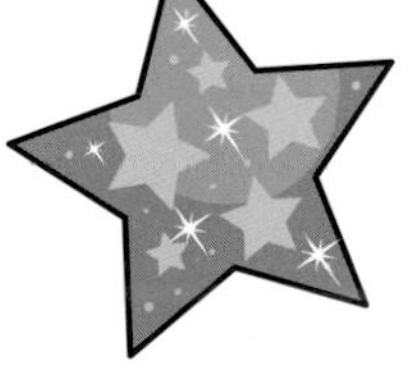
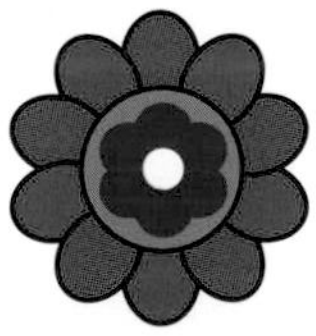
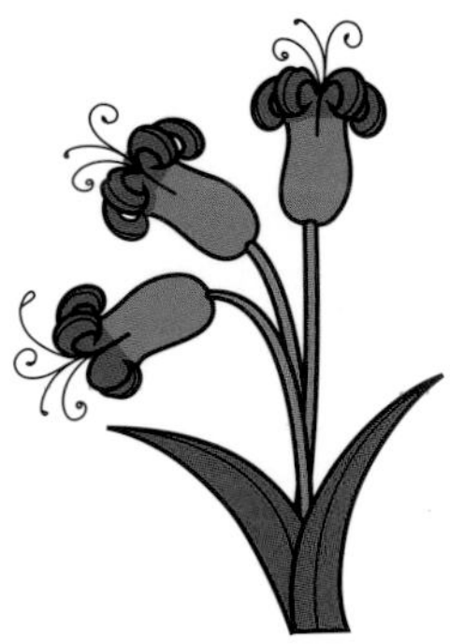
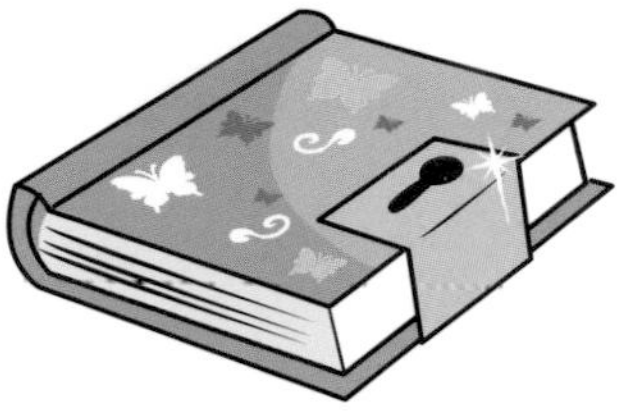
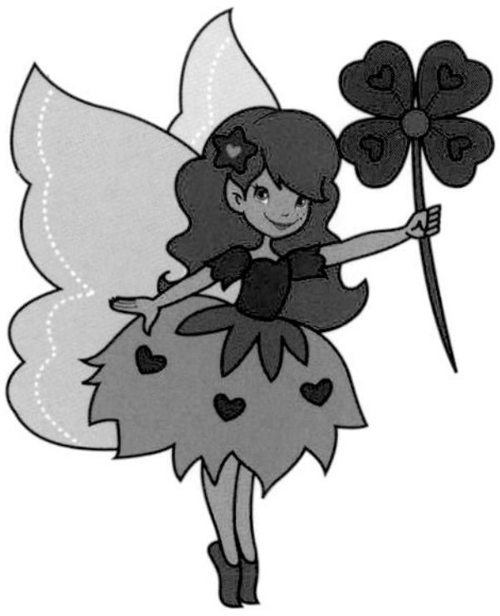
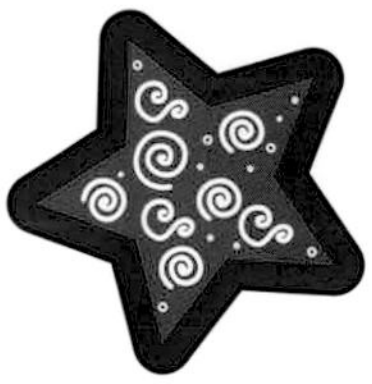
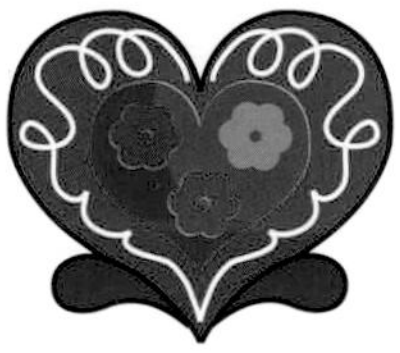

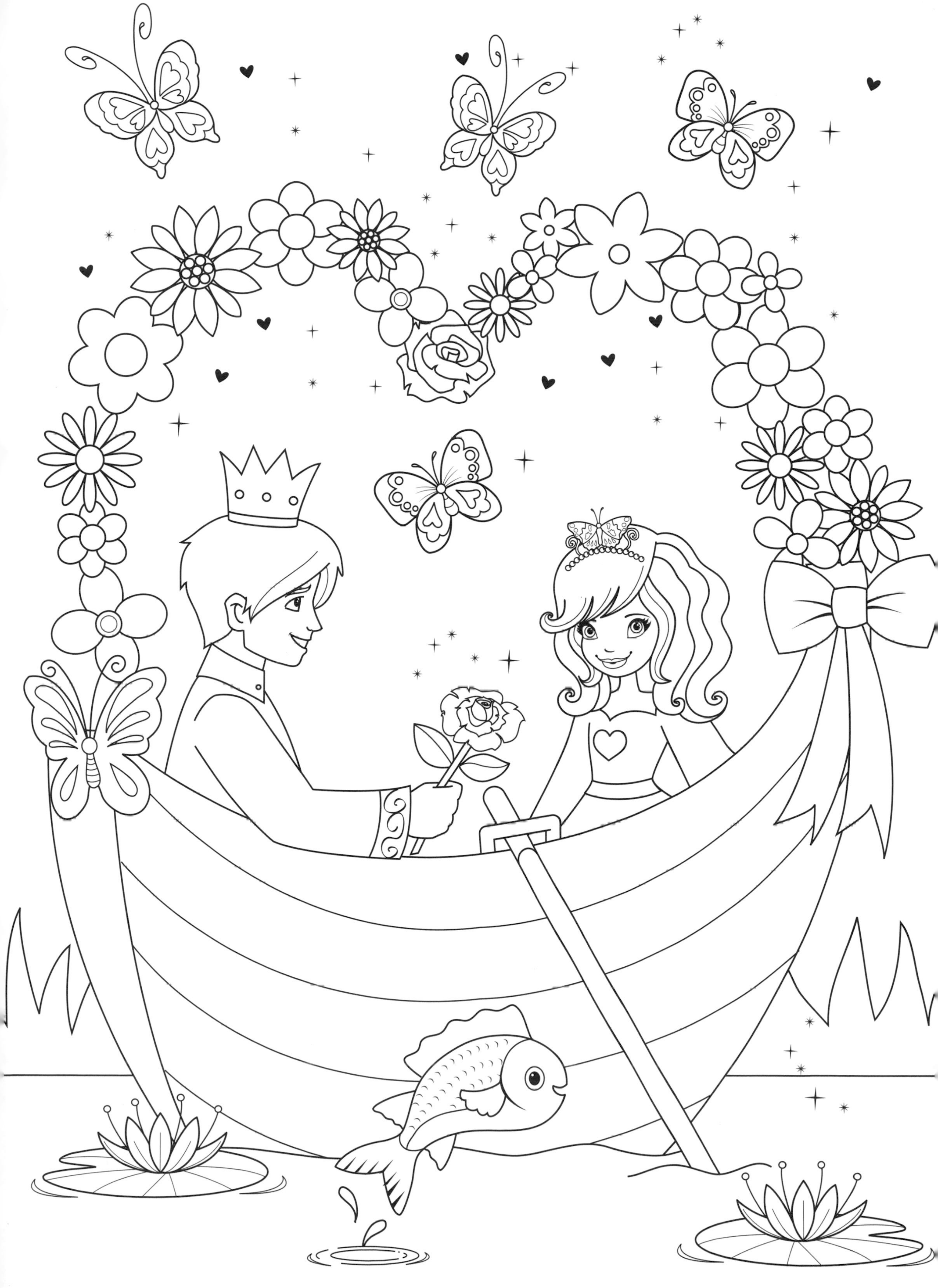

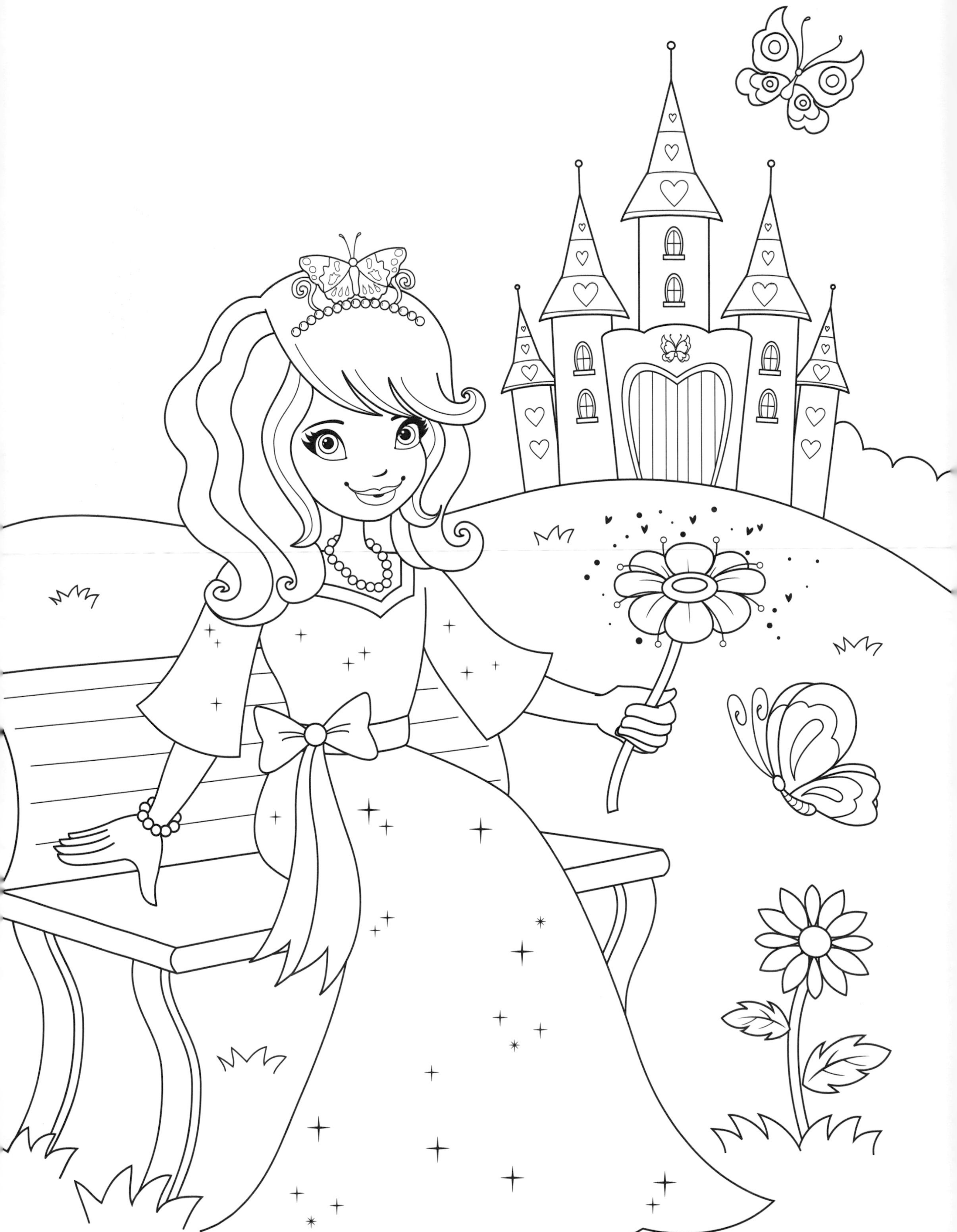

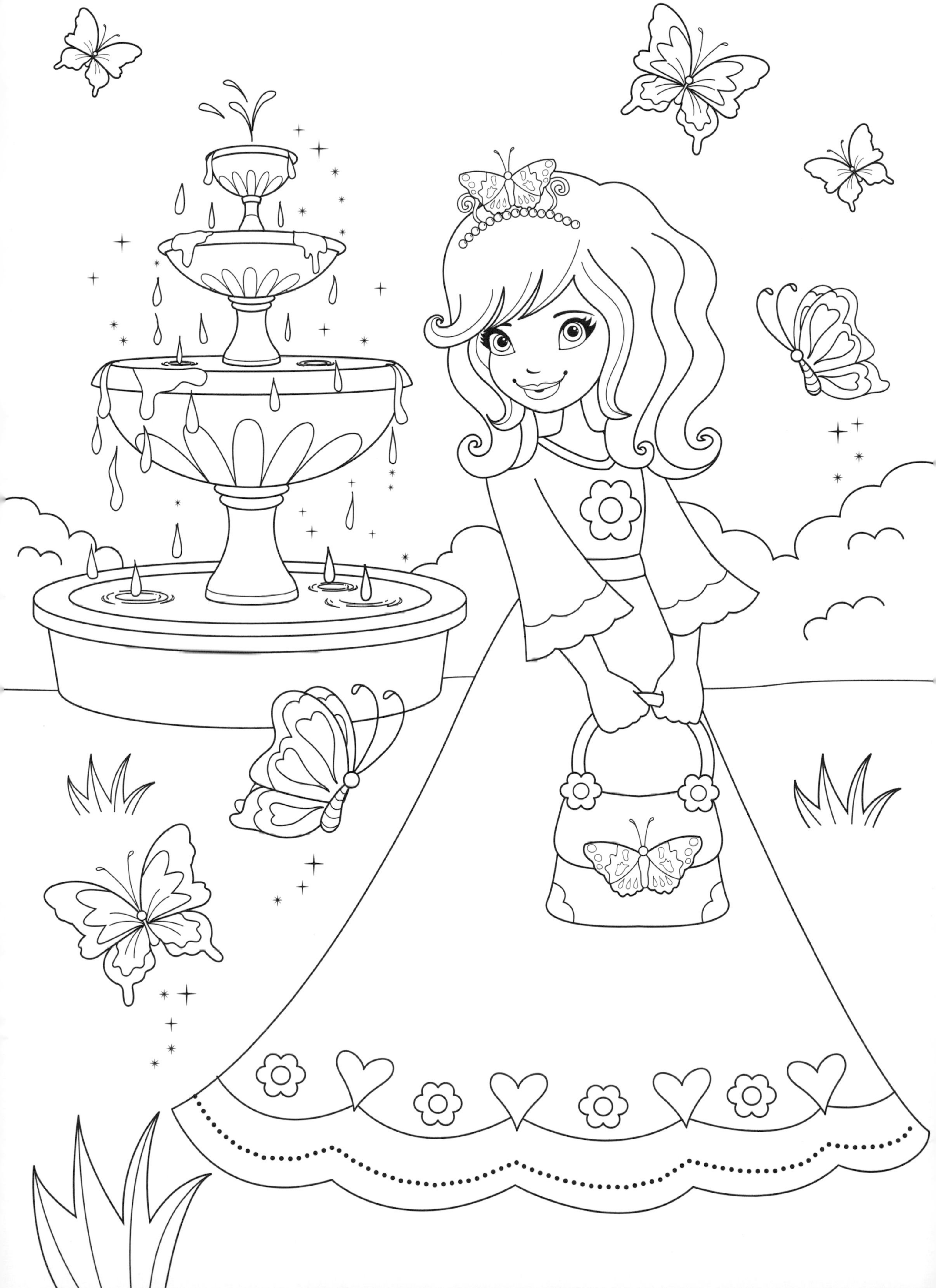

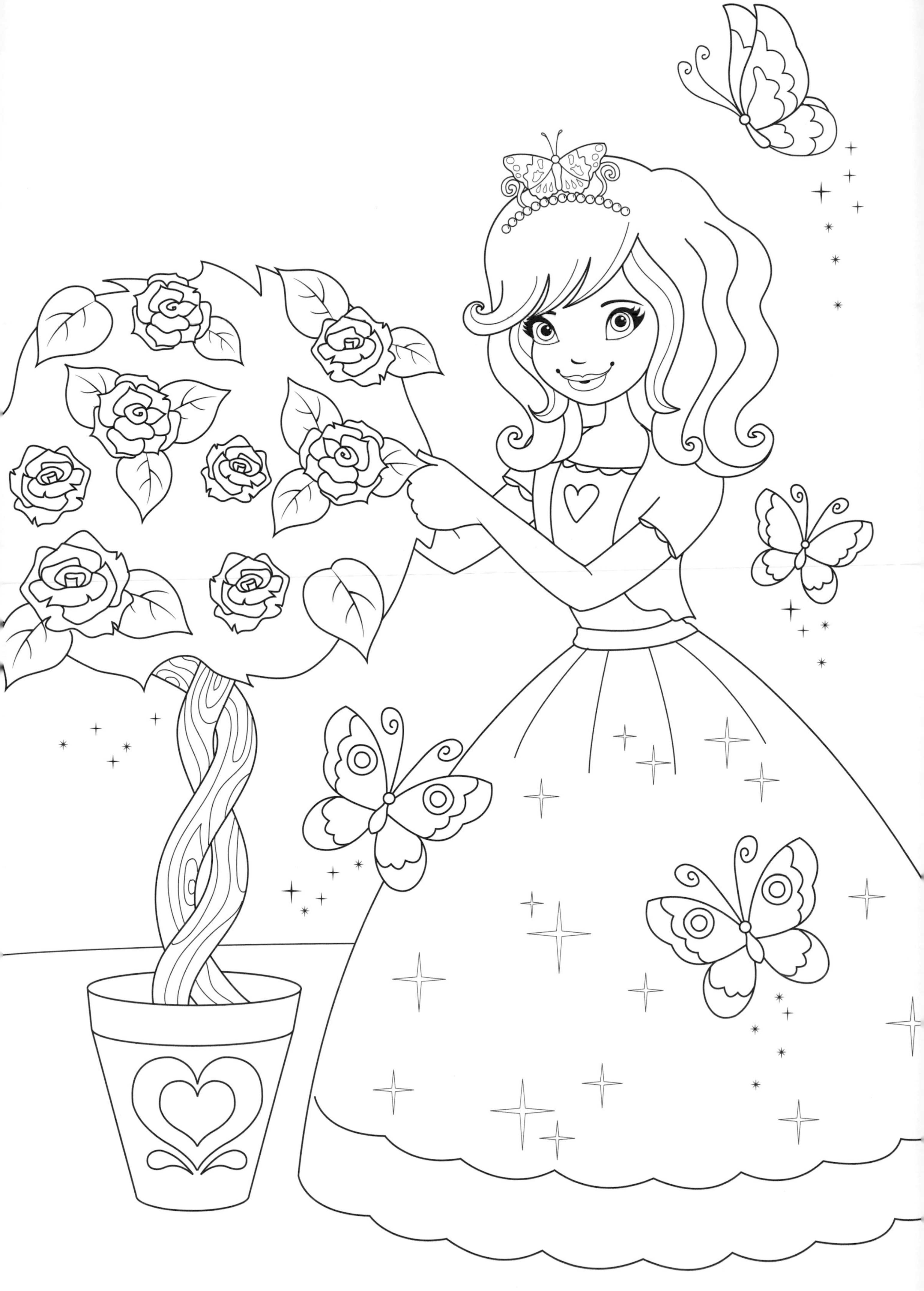

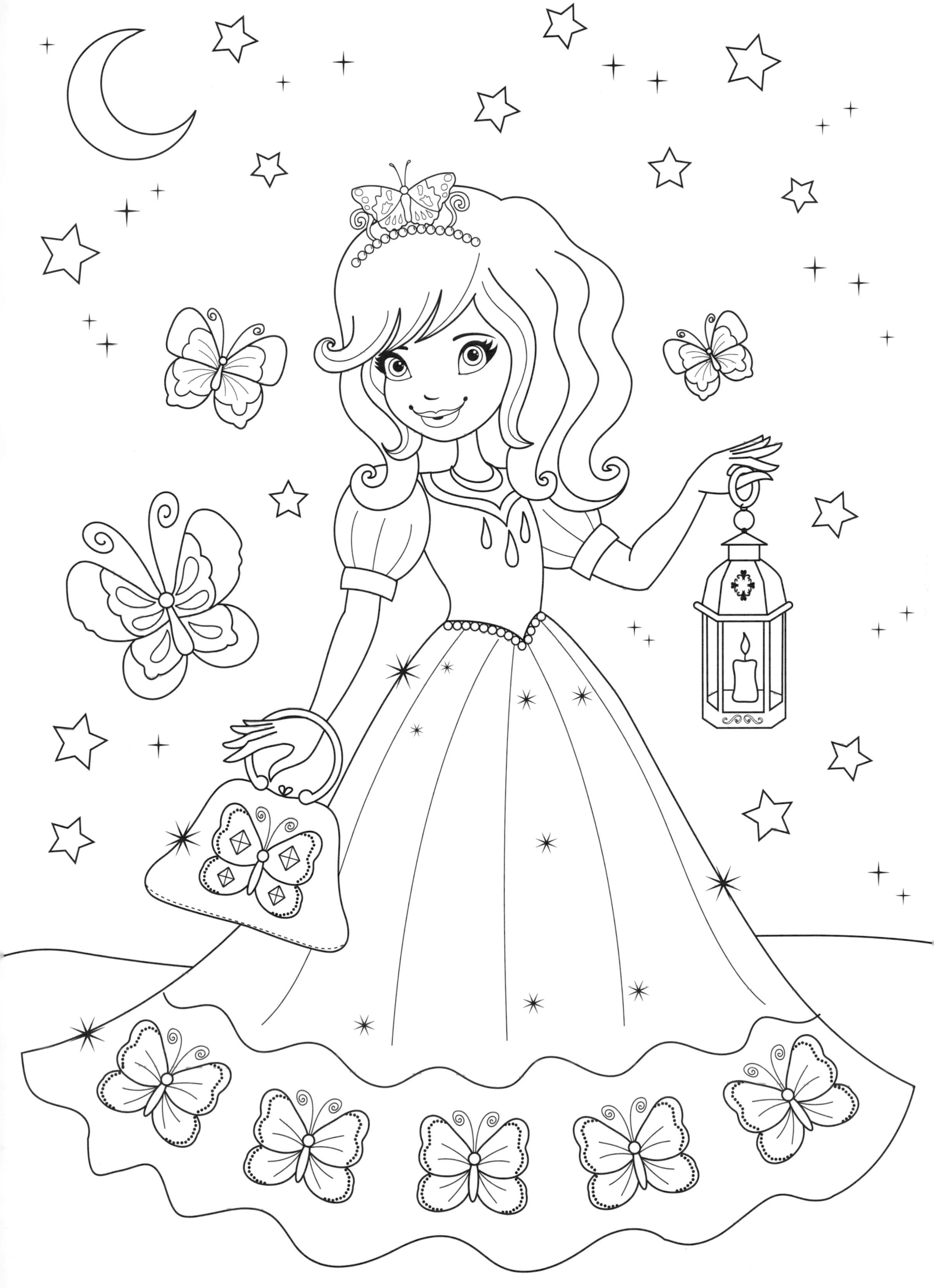

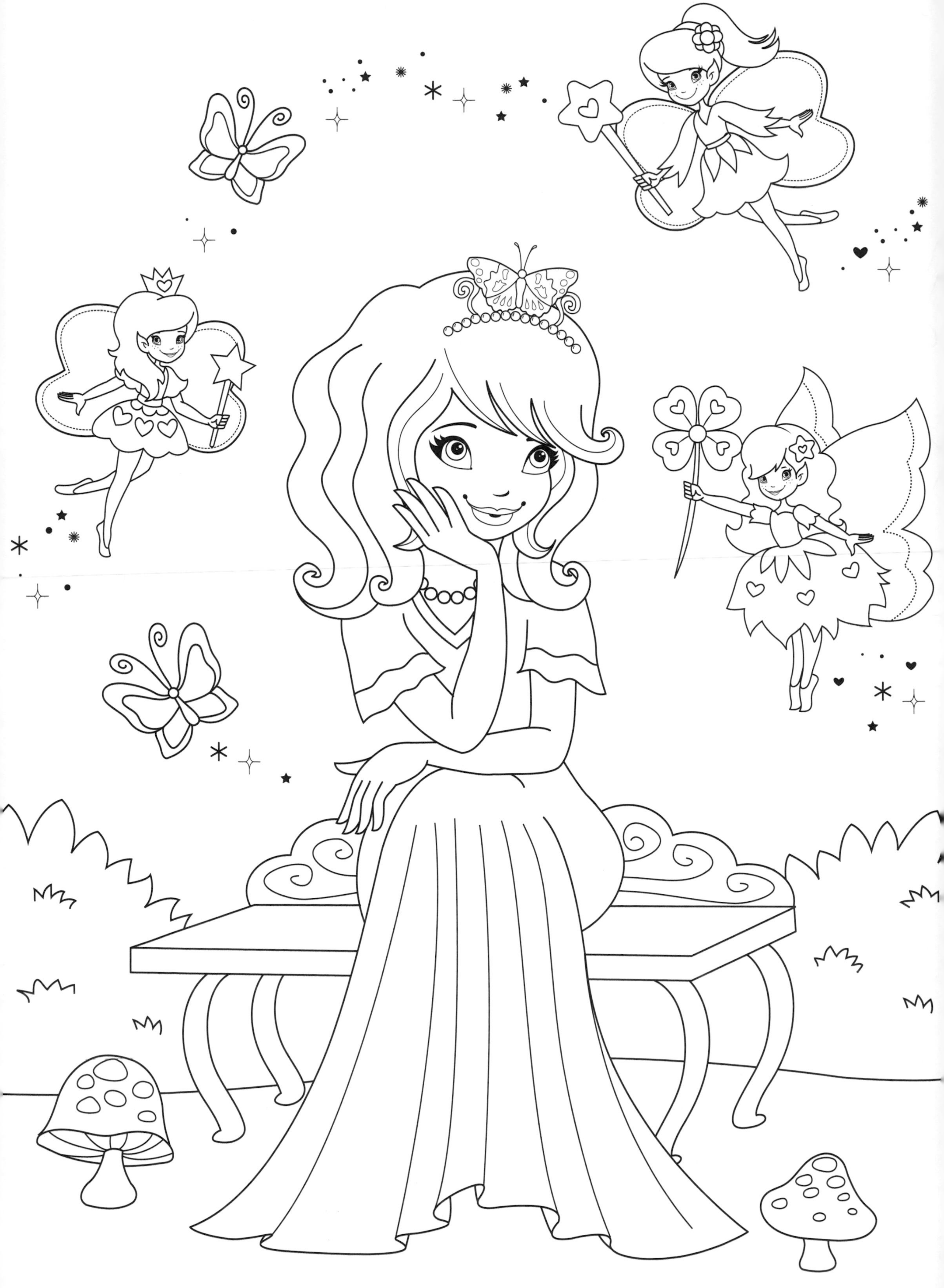

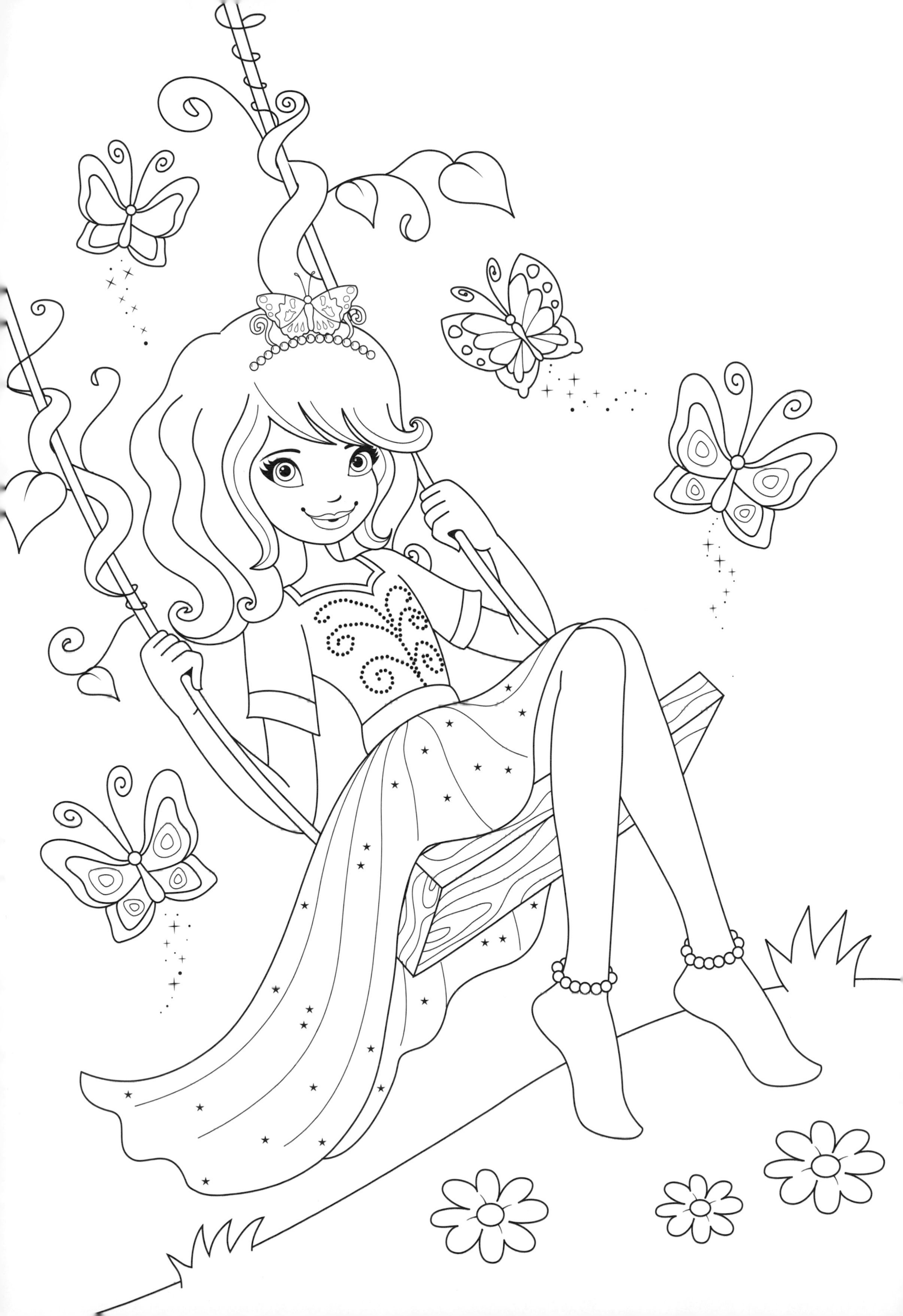

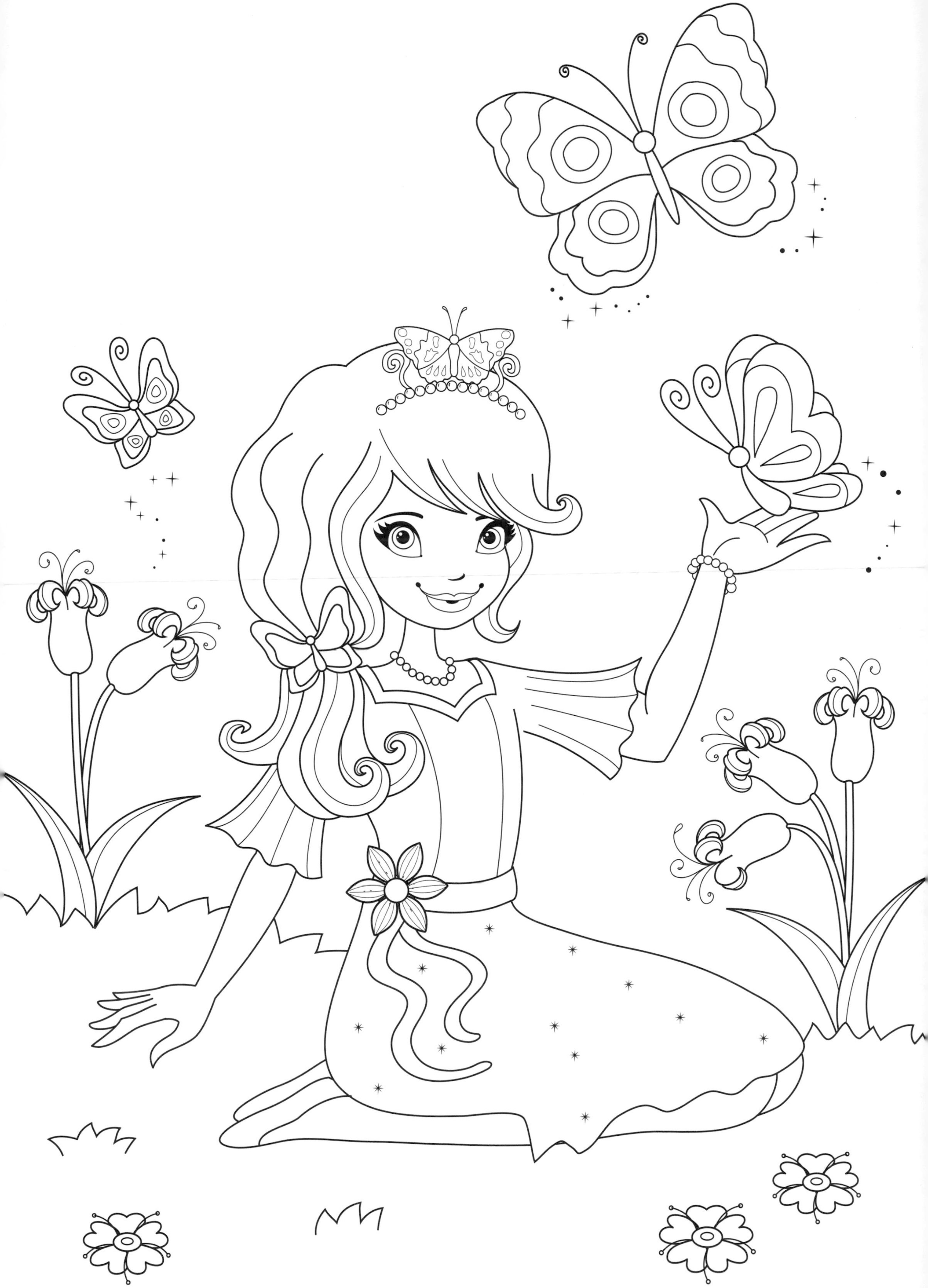

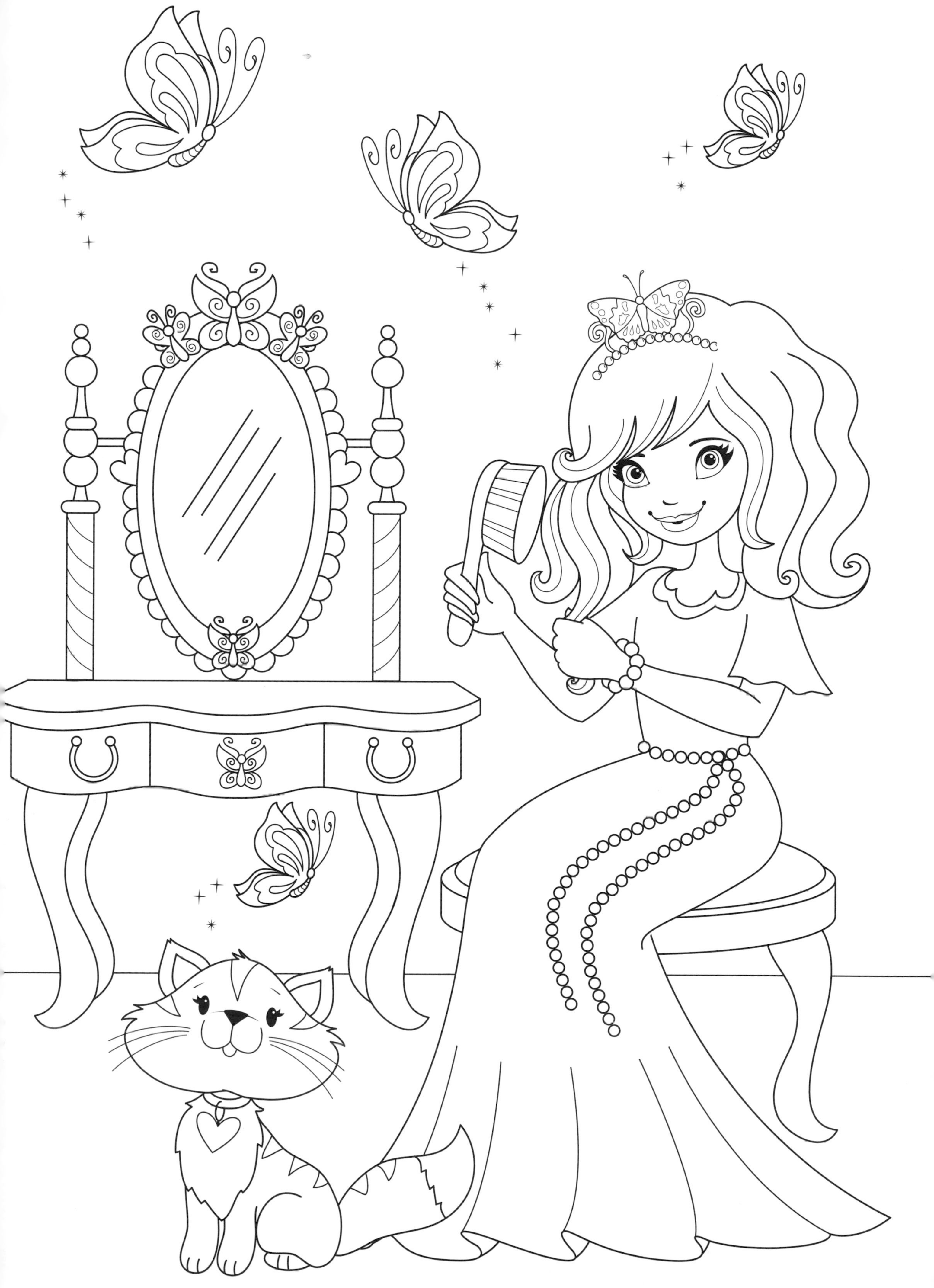

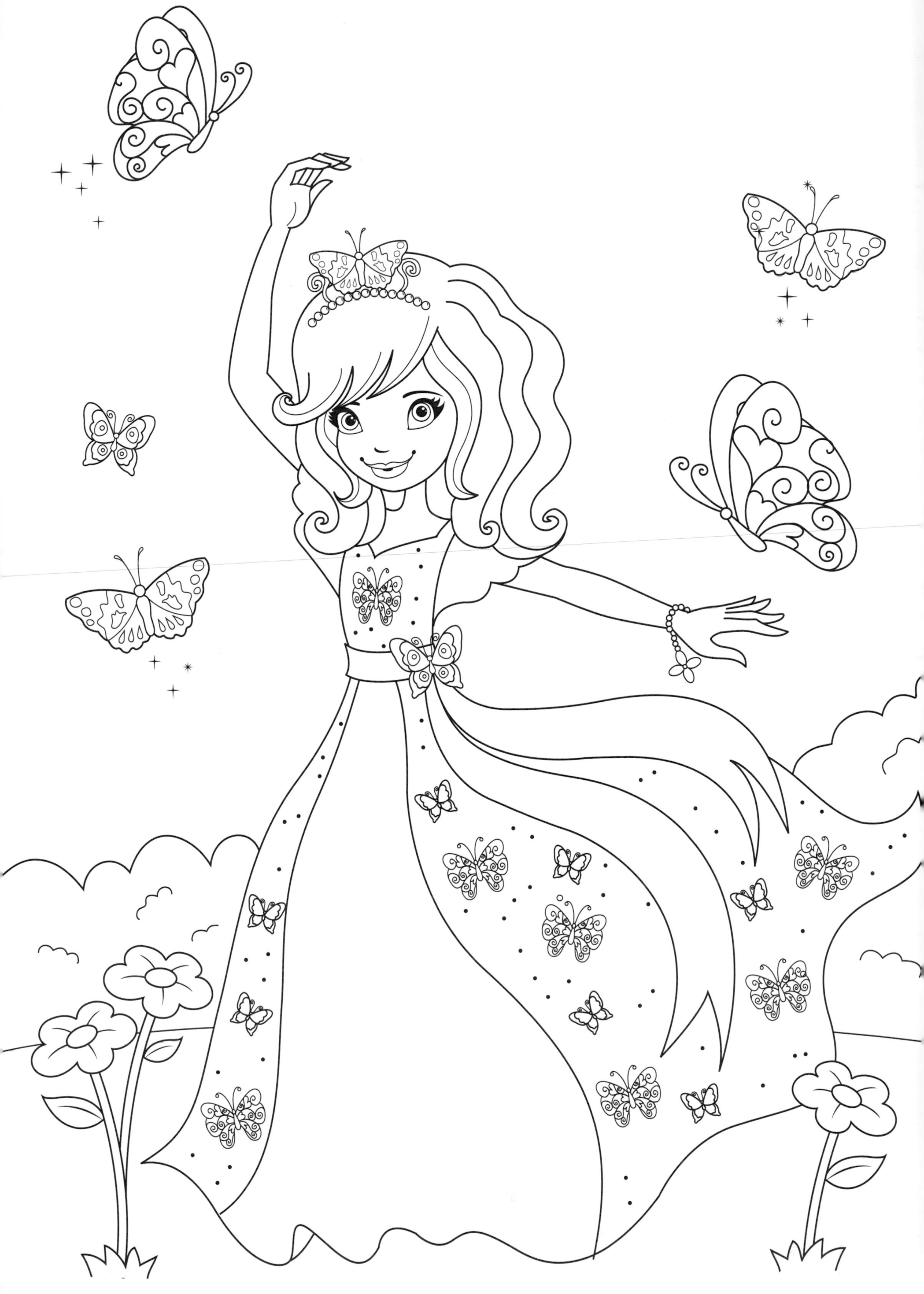

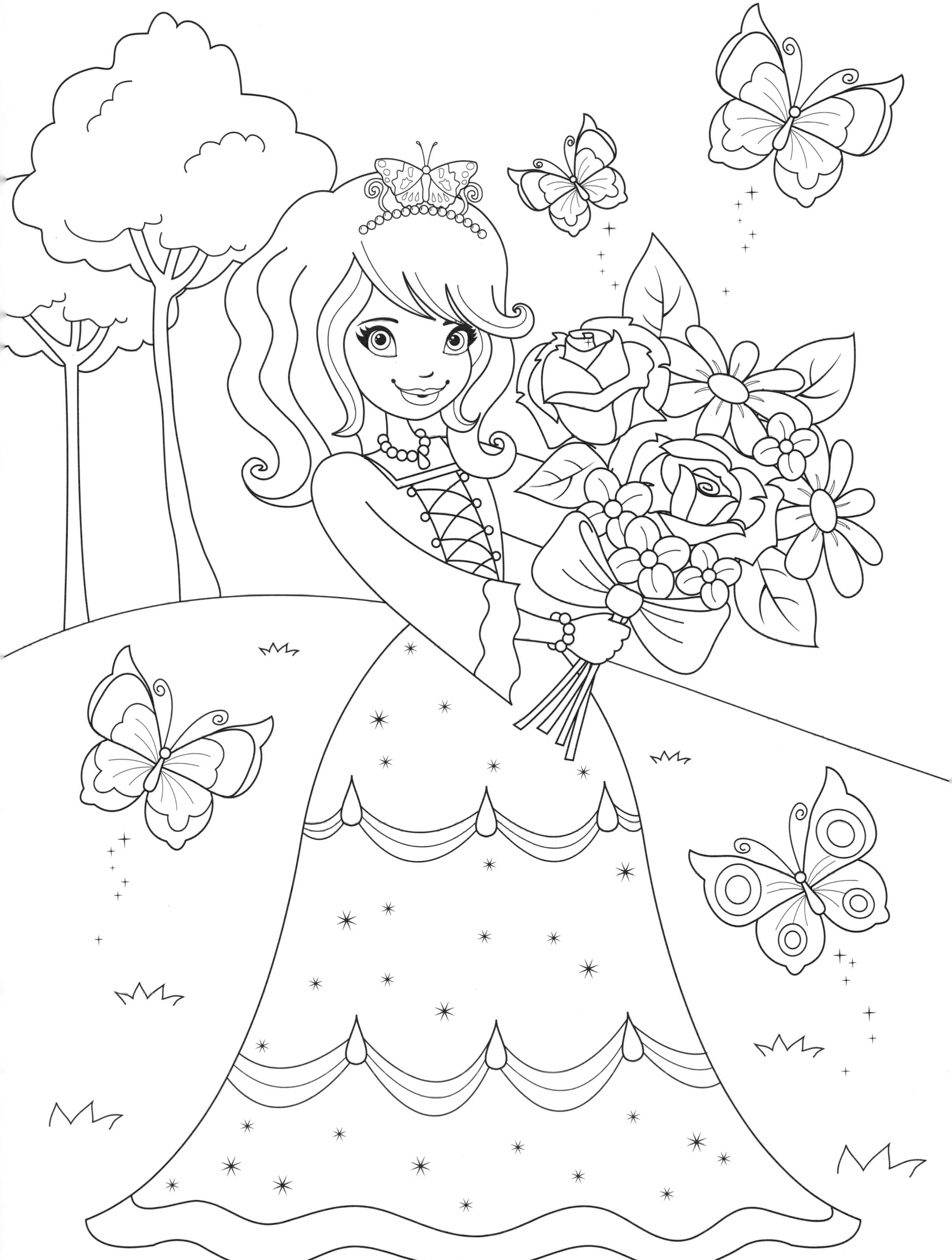

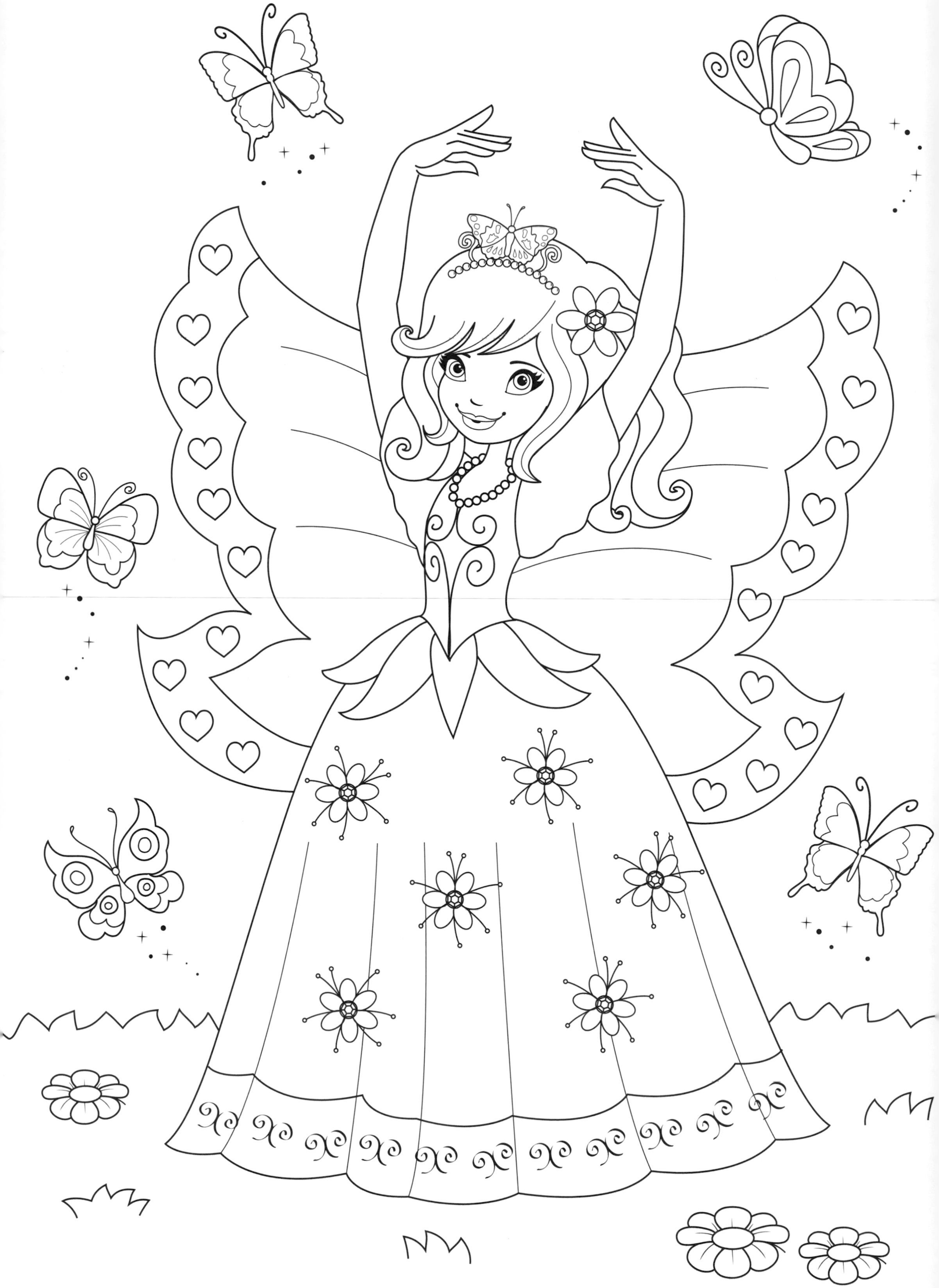

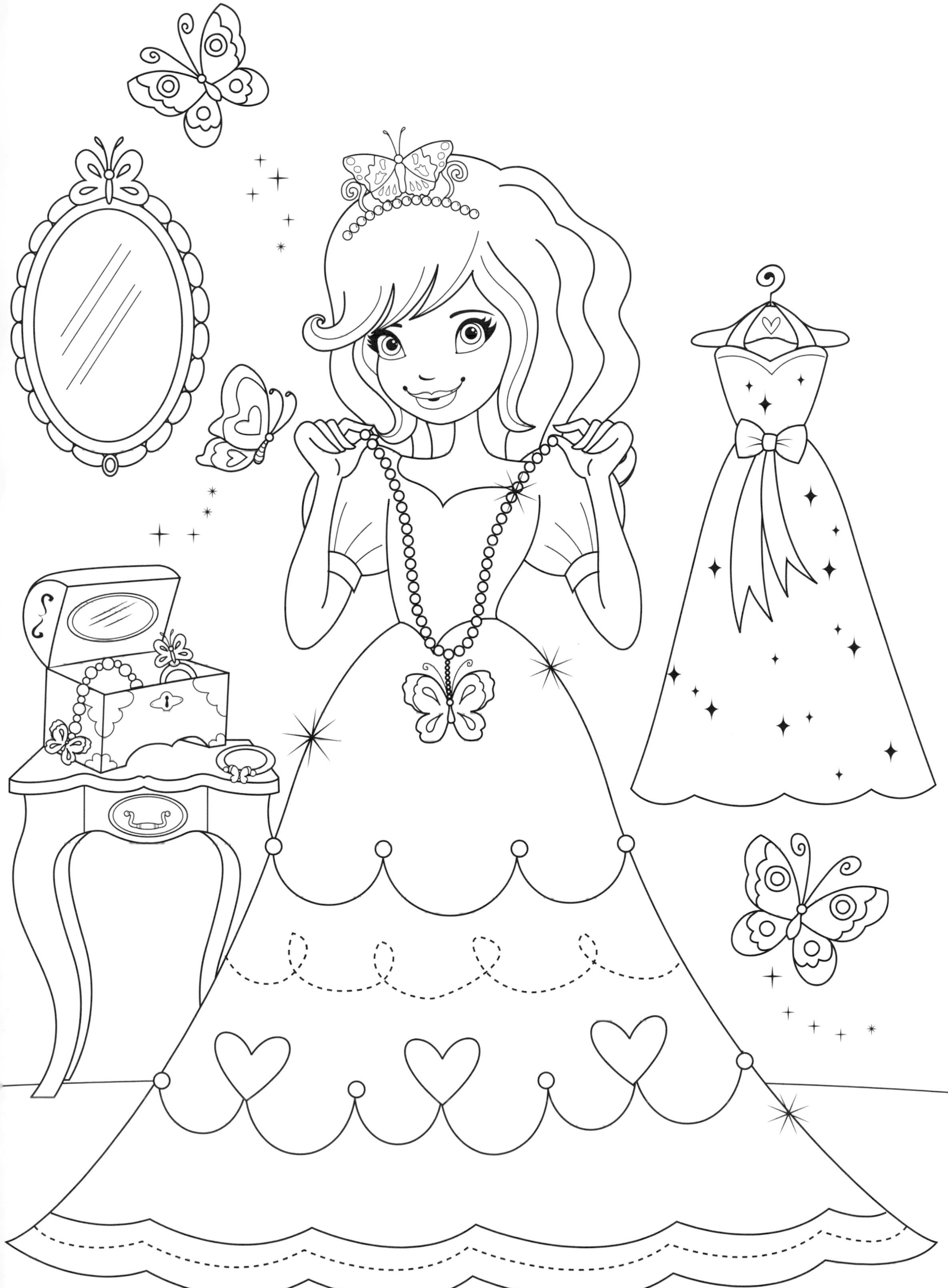

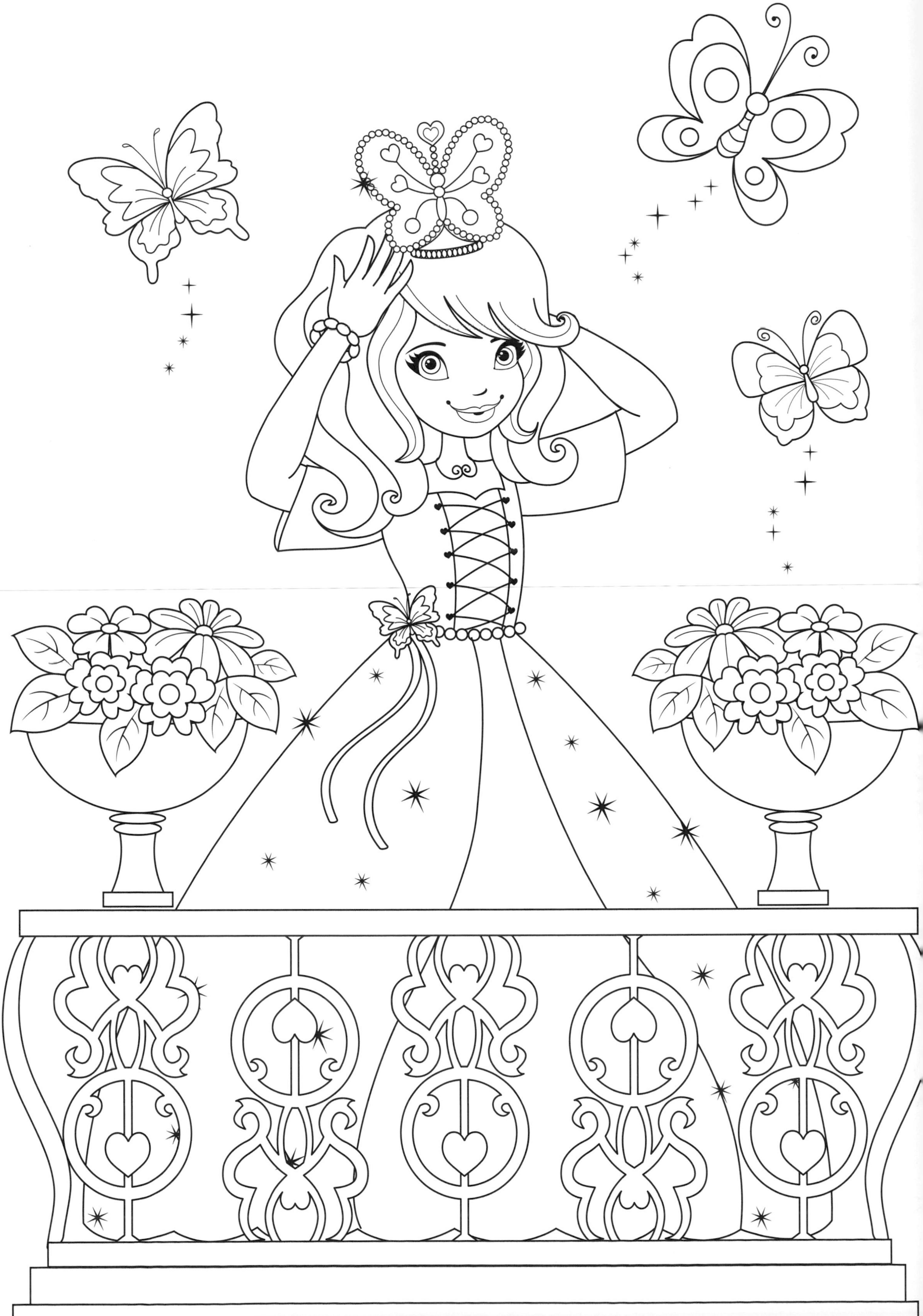

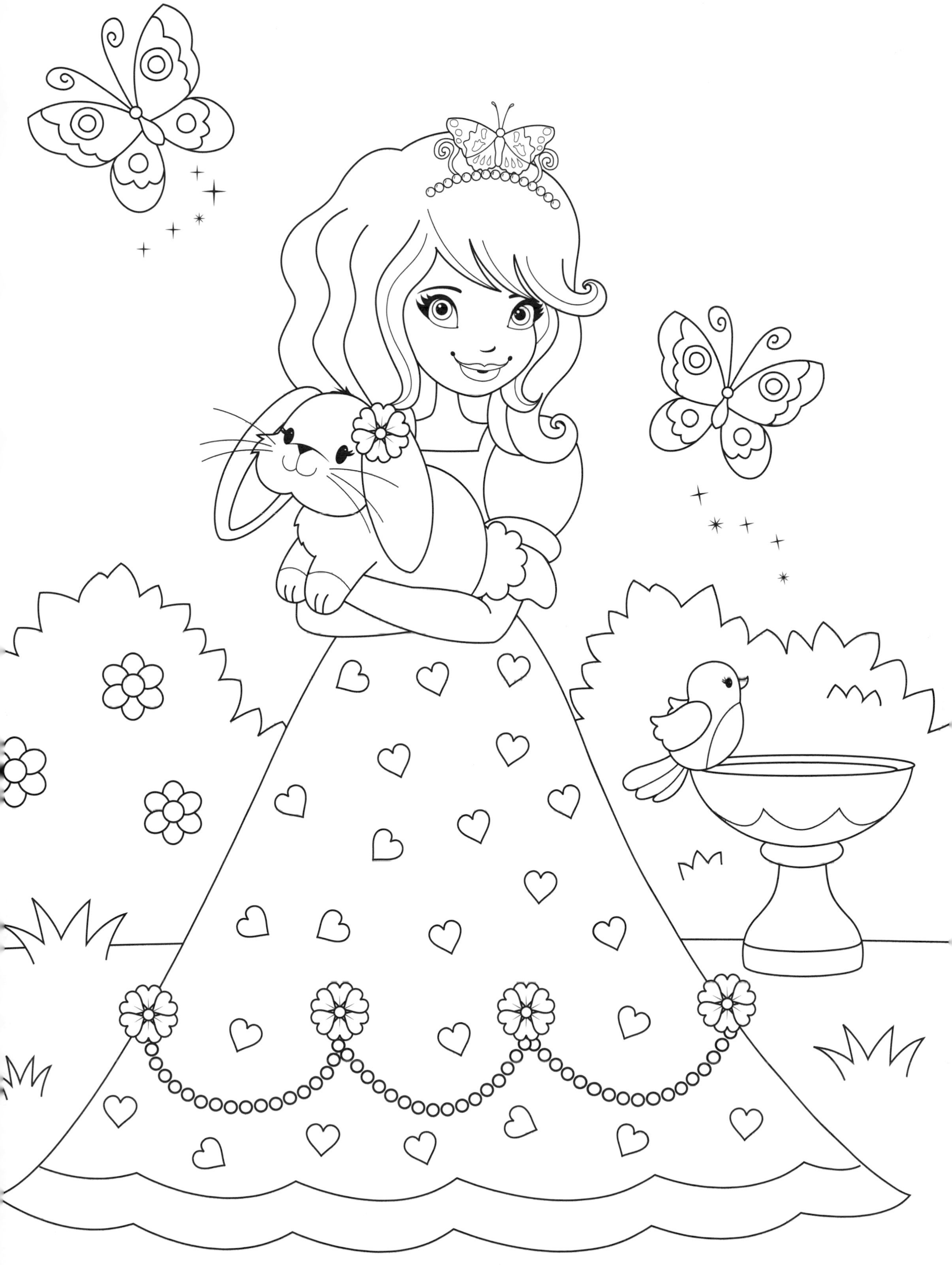

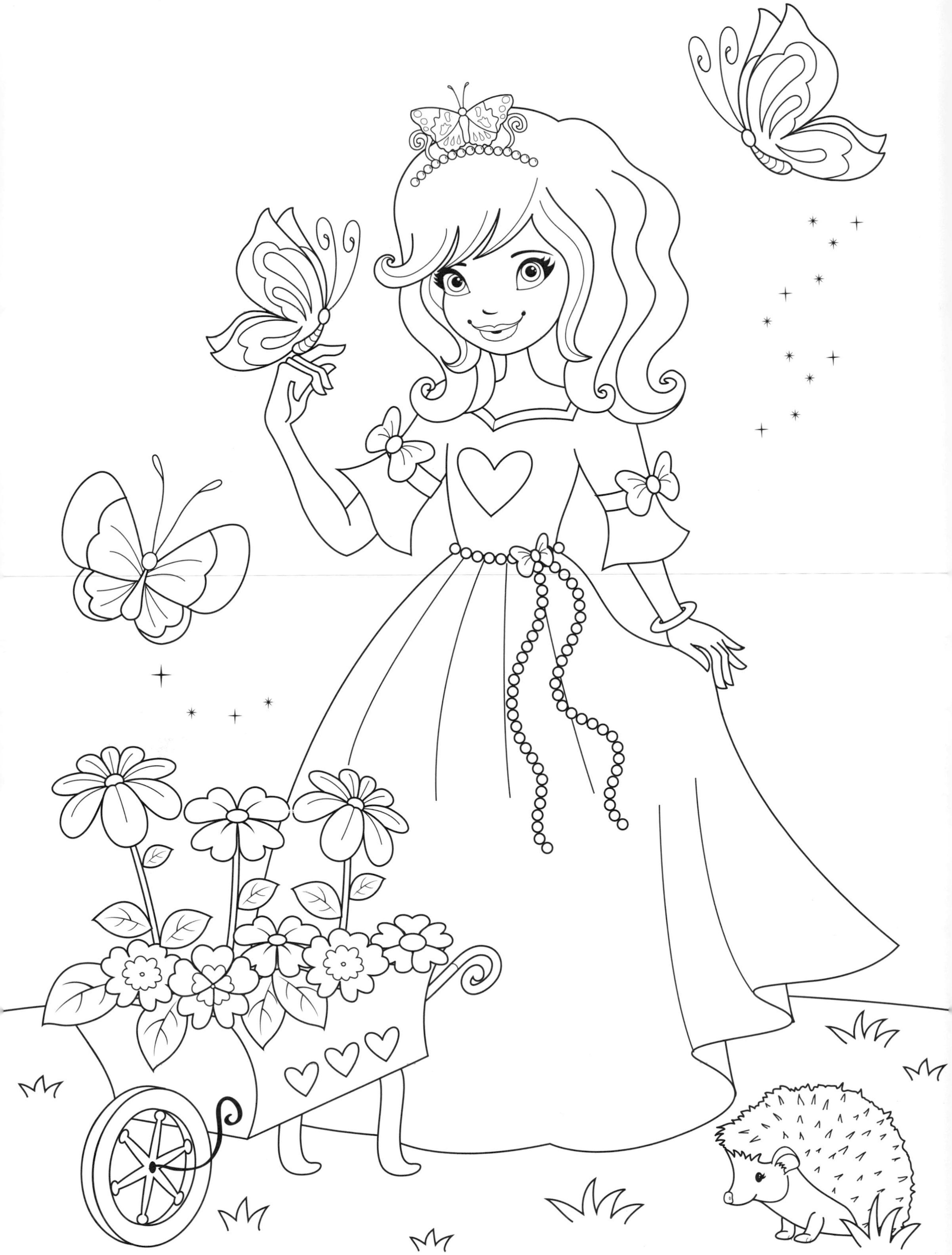